Anstösse Band 11
Betriebliche Weiterbildung zwischen
Bildung und Qualifizierung

Gesellschaft zur Förderung
Arbeitsorientierter Forschung und Bildung

ANSTÖSSE

Materialien für Theorie und Praxis

Band 11

Rolf Arnold (Hrsg.)

Betriebliche Weiterbildung zwischen Bildung und Qualifizierung

Die Deutsche Bibliothek – CIP-Einheitsaufnahme

Betriebliche Weiterbildung zwischen Bildung und Qualifizierung / [Gesellschaft zur Förderung Arbeitsorientierter Forschung und Bildung]. Rolf Arnold (Hrsg.). – Frankfurt am Main : GAFB, 1995

(Anstösse ; Bd. 11)
ISBN 3-925070-12-5
NE: Arnold, Rolf [Hrsg.]; Gesellschaft zur Förderung Arbeitsorientierter Forschung und Bildung; GT

Verlag
G.A.F.B.
Gesellschaft zur Förderung
Arbeitsorientierter Forschung
und Bildung

Am Eschbachtal 50

60437 Frankfurt am Main

Herstellung
F.M.-Druck
Robert-Bosch-Straße 16
61184 Karben

copyright by
G.A.F.B.

Rolf Arnold (Hrsg.)

Betriebliche Weiterbildung zwischen Bildung und Qualifizierung

Inhaltsverzeichnis

Vorwort des Herausgebers   V

Rolf Arnold
Bildung *und* oder *oder* Qualifikation? Differgenzen und
Konvergenzen in der betrieblichen Weiterbildung -
Eröffnung und Einführung in die Thematik   1

Nachfragen zum Beitrag von Herrn Prof. Dr. Rolf Arnold   27

Ingrid Lisop
Neue Beruflichkeit - berechtigte und unberechtigte
Hoffnungen   29

Nachfragen zum Beitrag von Frau Prof. Dr. Ingrid Lisop   49

Wolfgang Wittwer
Betriebliche Weiterbildung und berufsbiographische
Krisenbewältigung   55

Nachfragen zum Beitrag von Herrn Prof. Dr. Wolfgang
Wittwer   70

Harald Geißler
Betriebliche Qualifizierungs- und Bildungsprozesse im
Spannungsfeld zwischen Individual- und Kollektivsubjekt   71

Sybille Peters
Pädagogisches Handeln in der betrieblichen Weiterbildung
zwischen Effizienz und gesellschaftlicher Relevanz   117

Abschlußdiskussion   151

Autorenverzeichnis   163

Vorwort des Herausgebers

In der betrieblichen Diskussion wird gegenwärtig die Frage erörtert, ob die beruflich-betriebliche Erwachsenenbildung wirklich nur durch die Herrschaft der Technik und der mit ihrer Anwendung verbundenen Interessen determiniert wird und ob infolgedessen eine "Bildung" grundsätzlich ausgeschlossen wird, die vom Konzept des sozial verantwortlichen und selbsttätig handelnden Subjekts ausgeht. Erhält nicht gerade diese Bildungsintention durch die neuere technische Entwicklung und die mit ihr notwendig gewordene "erweiterte Qualifizierung" erstmals wirklich die Chancen, die betriebliche Arbeitswelt sozial verantwortlich mitzugestalten?
Über diese und andere Fragen zum spannungsreichen Verhältnis zwischen Bildung und Qualifizierung in der betrieblichen Weiterbildung wurde in der Arbeitsgruppe Betriebspädagogik im Rahmen des Kongresses der Deutschen Gesellschaft für Erziehungswissenschaft (DGfE) am 16. März 1994 in Dortmund nachgedacht. In dem vorliegenden Band sind die ausführlichen Fassungen der in diesem Zusammenhang gehaltenen Vorträge sowie die Nachfragen zu dem jeweiligen Vortrag ausführlich dokumentiert. Jedenfalls dokumentiert ist die Abschlußdiskussion der Arbeitsgruppe Betriebspädagogik.

In dem einleitenden Beitrag „Bildung und/oder Qualifikation?" beschäftigt sich der Herausgeber in einer grundsätzlichen bildungstheoretischen und betriebspädagogischen Weise mit dem Oder-Dualismus im Verhältnis von Bildung und Qualifizierung. Er spürt den Ursprüngen dieses Dualismus nach und fragt, mit welchen Konzeptionen dieser historisch und aktuell verbunden ist. Weiter wird gefragt: Hat sich in der Realität der betrieblichen Weiterbildung nichts im Sinne einer Konvergenz von betrieblichen Zwecken und pädagogischer Anspruchlichkeit verändert? Untersucht wird schließlich auch, ob sich der „Streitgegenstand" nicht längst verflüchtigt hat, da einerseits das Bildungskonzept selbst zunehmend an Bedeutung verliert und andererseits die Uneindeutigkeit und Ungewißheit der betrieblichen Ziele und Anforderungen eine enge Zweckorientierung betrieblichen Lernens zunehmend ausschließt.

Ingrid Lisop knüpft in ihrem Beitrag „Neue Beruflichkeit - Berechtigte und unberechtigte Hoffnungen" an dem Bild von der „Maske Beruf" an. Der Beruf ist in ihren Augen „diejenige Formgebung des menschlichen Produktivkraftvermögens (...), das die Ware Arbeitskraft als gebildete käuflich macht". Ausführlich entwickelt sie ihre Grundauffassung von der Freisetzung und Vergesellschaftung menschlichen Arbeitshandelns und bemüht sich darum, die neueren Entwicklungen hiermit zu vergleichen. Nach einer Auslotung des theoretischen Horizontes des Themas und seine Illustration mit Beispielen aus der innerbetrieblichen Weiterbildung entwickelt Lisop schließlich ihre These, daß die Beruflichkeit „zerrinnt", sobald sie nicht als definiertes begriffliches Konstrukt, sondern als konkrete Arbeit aufgefaßt wird. Der eigentliche bildungstheoretisch sowie bildungspraktisch relevante Gegensatz der Moderne ist ihrer Auffassung nach nicht der von Bildung und Qualifikation, sondern der von Beruf und Qualifikation bzw. von Beruf und Bildung.

Wolfgang Wittwer untersucht in seinem Beitrag vor dem Hintergrund lebenszyklusorientierter Personalentwicklungs-Ansätze den Zusammenhang zwischen betrieblicher Weiterbildung und berufsbiographischer Krisenbewältigung. Die lebenszyklusorientierten Personalentwicklungskonzepte sind nach seiner Ansicht zu formal, sowie statisch und idealtypisch angelegt, um die aktuellen Veränderungen von Biographien bzw. Erwerbsbiographien wirklich angemessen abbilden zu können. Auf der Basis explorativer Ergebnisse zur biographischen Entwicklung von Weiterbildnern und Weiterbildnerinnen illustriert Wittwer, daß in zunehmendem Maße die „Gebrochene Biographie" und nicht die „Normalbiographie" typisch sei. Betriebliche Weiterbildung muß nach seiner Auffassung eine Perspektiverweiterung vornehmen, und die tatsächlichen berufsbiographischen Entwicklungsprozesse der Mitarbeiter stärker in den Blick nehmen. Gefordert wird von der betrieblichen Weiterbildung, daß sie die Mitarbeiterinnen und Mitarbeiter bei „der berufsbiographischen Aneignung von Qualifikationen" und bei „der berufsbiographischen Verarbeitung von Wechseln" unterstützt. Eine solche berufsbiographische Weiterbildung setzt letztlich auf die Kontinuität „des Selbsterlebens des Individuums", d.h. auf die Identität des Einzelnen, indem sie auf den biographischen

Umgang mit Qualifikation und Qualifikationsveränderungen vorbereitet und entsprechende Wandlungsprozesse begleitet.

In einer grundsätzlichen und ausführlichen Erörterung beschäftigt sich Harald Geißler mit betrieblichen Qualifizierungs- und Bildungsprozessen „im Spannungsfeld zwischen Individual- und Kollektivsubjekt". Er beginnt mit der Frage nach der berufspädagogischen Praxis, die heute nicht mehr mit Bezug auf das „pädagogisch Institutionelle" beantwortet werden kann. Die Forderung nach einem möglichst arbeitsplatznahen Lernen und der Ruf nach einer Entschulung der betrieblichen Weiterbildung sind nach seiner Auffassung Indizien dafür, daß das Verständnis von beruflicher Zuständigkeit und Professionalität in der betrieblichen Weiterbildung nicht mehr allein am Institutionellen festgemacht werden kann. In diesem bedarf auch der Begriff der Bildung einer Neubestimmung, da das primäre Arbeitsfeld der Pädagogik zwar weiterhin der einzelne sei, gleichzeitig aber auch das „organisationelle Kollektiv" in den Blick genommen werden müsse.

Nach einer Verhältnisbestimmung von ökonomischer und pädagogischer Praxis, daß vor allem im Blick auf die Notwendigkeit einer Arbeitsplatzgestaltung als Lernort gewandelt werden muß, einer grundsätzlichen Bestimmung des Verhältnisses von Arbeiten und Lernen, welches Geißler zu verschiedenen Modi des Arbeitslernens führt, gelingt es schließlich, auch das Verhältnis von Qualifizierung und Bildung einer bildungstheoretischen Reformulierung zu unterziehen. Geißler schlägt vor, den Begriff der Qualifizierung auch auf die unterste Ebene eines Arbeitslernens zu beschränken und gleichzeitig den Begriff der Schlüsselqualifikationen auf höhere Lernebenen zu beziehen. Der Begriff der Bildung markiert nach seiner Auffassung die obersten Lernebenen, die sich in stärkerem Maße auf reflexive Eigenleistungen des Subjekts beziehen. Vor dem Hintergrund dieser Gedankenführung gelingt es ihm schließlich, kollektives Lernen als Weg und Voraussetzung einer „gebildeten Organisation" zu bestimmen.

Sybille Peters wendet sich in ihrem Beitrag dem Thema „Pädagogisches Handeln in der betrieblichen Weiterbildung zwischen

Effizienz und gesellschaftlicher Relevanz" zu. Sie fragt danach, was für ein Handlungswissen benötigt wird, um Prozesse einer Wissensaneignung und Wissenstransformation zu initiieren, wie sie von den sich modernisierenden Rahmenbedingungen betrieblicher Kooperation zunehmend vom Subjekt erwartet werden. Es geht ihr darum, die Bedingungen und Mechanismen auszuloten, durch die die Mitarbeiter des Unternehmens in den Besitz des Wissens und der Verhaltensweisen gelangen, mit deren Hilfe sie sich in die wandelnden Prozeß- und Organisationsstrukturen lernender Unternehmen einbringen können. Dabei konzentriert sie sich nicht nur auf eine genaue Bestimmung des Wissens, das für die Bewältigung hoch komplexer Prozeßstrukturen von den Mitarbeitern erworben werden muß, sondern fragt auch danach, wie die Subjekte diesen Anforderungen „im Sinne produktiver und reflexiver Identitätsverarbeitung" entsprechen können. Vor diesem Hintergrund gelingt es ihr dann auch, neue Anforderungen für die Personengruppen zu markieren, die für die Initiierung und Begleitung solcher Qualifikationstransformationen im Betrieb professionell zuständig sind. Überzogen plädiert sie dabei für ein erwachsenenpädagogisches Handeln auf der Basis "Verstehen der Denkformen". Erwachsenenbildung und Berufspädagogik wird gleichzeitig aufgefordert, „den Diskurs zur Einheit von Profession, Disziplin und Unterscheidungsmodalitäten von Wissensformen im Interesse der handelnden Subjekte erneut auf(zu)nehmen".

Für die redaktionelle Bearbeitung und Fertigstellung der Druckvorlage danke ich Frau Dipl.-Päd. Ingeborg Schüßler, und für die Dokumentation und Transkription der Nachfragen an die Vortragenden sowie der Abschlußdiskussion danke ich Frau Ellen Bommersheim.

Prof. Dr. Rolf Arnold

Kaiserslautern, August 1994

Vorträge

ROLF ARNOLD

Bildung *und* oder *oder* Qualifikation? Differgenzen und Konvergenzen in der betrieblichen Weiterbildung - Eröffnung und Einführung in die Thematik

In den verschiedensten Kontexten ist in den zurückliegenden Jahren über das "Verhältnis von Bildung und Qualifikation" bzw. von "Identitätslernen und Qualifikationslernen" oder - in der traditionellen Formulierung - von "Allgemeinbildung und Berufsbildung" nachgedacht worden. Der Grundtenor der Argumentation betonte dabei das "Oder", d.h. den strukturellen Gegensatz zwischen Bildung und Qualifikation, wobei es bis zum heutigen Tage immer wieder drei Thesen oder Theoreme sind, die das Fundament für die Abgrenzung abgeben:

o die "Nostalgie der zweckfreien Bildung" (Apitsch 1993, S.111),

o die grundlegende Skepsis gegenüber allen Erwartungen, die die "totale Marktgesellschaft" (Meueler 1994) an den einzelnen richtet, und was ist ein Betrieb anderes als die Inkarnation des Marktprinzips, sowie schließlich

o die Kritik der Eingrenzung von Selbständigkeit und Selbsttätigkeit in einem auf Arbeitsmarkt und Beruf gerichteten Lernen.

So wirft Jochen Kade 1983 die Frage "Bildung *oder* Qualifikation?" auf und begründet aus einer Analyse der "Gesellschaftlichkeit beruflichen Lernens" seine Oder-Perspektive wie folgt: Während Qualifikation - wie er sagt - "(...) menschliche Entwicklung in das Prokrustesbett abstrakter Zweck-Mittel-Rationalität (preßt)" (Kade 1983, S. 866) ist Bildung

"(...) ein notwendiges Moment nicht entfremdeter individueller Subjektivität, der Kraft und Fähigkeit, gesellschaftlich abgesteckte Lebens- und Arbeitsmöglichkeiten sich anzueignen und neue für sich und die anderen zu entdecken und zu gestalten" (ebd., S.867).

Diese Oder-Perspektive dominiert die Debatte und prägt auch heute - gut zehn Jahre nach Jochen Kades programmatischem Beitrag - das Nachdenken über das Verhältnis von Bildung und Qualifikation, auch mit der Folge, daß es uns i.d.R. kaum gelingt, uns ausländischen Erziehungswissenschaftlern gegenüber mit unseren bildungstheoretischen Abgrenzungen verständlich zu machen. Qualifikation wird in der deutschen Bildungstheorie fast durchgängig als Nicht- oder gar Anti-Bildung konzeptualisiert (vgl. Bender 1991). So befaßt sich 1993 u.a. auch Erhard Meueler mit dem Thema "Betriebliches Qualifikationslernen und funktionale Subjektivität" und beschwört dabei ziemlich deutlich die nostalgische Vorstellung einer zweckfreien Bildung:

"Da die Lernziele betrieblichen Qualifikationslernens immer direkt auf die unmittelbaren Betriebsziele bezogen sind, untersteht alles Lernen, inklusive der dafür aufgewandten Zeiten, dem Maßstab betrieblicher Nützlichkeit. (...) Was erfolgreich ist, gilt als vernünftig. Die pädagogische Vernunft muß auf ihre kritische Kompetenz verzichten, wenn als einziger Maßstab nur der Nachweis von Verwertbarkeit und instrumenteller Effizienz gilt" (Meueler 1993, S. 165).

Angesichts dieses ungebrochenen Fortdauerns der Oder-Perspektive zum Verhältnis von Bildung und Qualifikation ist zu fragen:

Woher kommt dieser bildungstheoretische Oder-Dualismus? Mit welchen Konzeptionen ist er historisch und aktuell verbunden, welche grenzt er aus? Und: Hat sich in der Realität der betrieblichen Weiterbildung und ihrer Modernisierung in den letzten Jahren nichts "in Richtung" pädagogische Vernunft - i.S. einer Konvergenz von betrieblichen Zwecken und pädagogischer Anspruchlichkeit - verändert, oder wird dies von heutigen Kritikern des betrieblichen Qualifikationslernens nur "übersehen"?

Die "Nostalgie der zweckfreien Bildung" geht zurück auf die Ausschlußthese der Bildungstheorie von Wilhelm von Humboldt, die dieser in seinen "Unmaßgeblichen Überlegungen über den Plan zur Einrichtung des litauischen Schulwesens" mit den berühmt gewordenen Formulierungen begründete:

"Was das Bedürfnis des Lebens oder des einzelnen seiner Gewerbe erheischt, muß abgesondert und nach (!) vollendetem *allgemeinem* Unterricht erworben werden. Wird beides vermischt, so wird Bildung unrein (...). Denn beide Bildungen - die allgemeine und die spezielle - werden durch verschiedene Grundsätze geleitet. (...) Durch die allgemeine (Bildung; R.A.) sollen die Kräfte, d.h. der Mensch selbst gestärkt werden; durch die spezielle soll er nur Fähigkeiten zur Anwendung erhalten" (Humboldt 1982, S.188).

Diese Ausschlußthese war bekanntlich - sozialgeschichtlich und bildungssoziologisch gesehen - hoch funktional; Litt charakterisierte die neuhumanistische Bildungsvorstellung deshalb treffend als die "Bildung der notgedrungen im Abseits Verharrenden, (...) die aus der Not der politischen Ausgeschlossenheit die Tugend der menschlichen Selbstvollendung mach(t)en" (Litt 1977, S.13). Diese ideologische Ausschließung der beruflichen Bildung aus dem Bildungsanspruch begründete letztlich den Gegensatz von Allgemein- und Berufsbildung, der wie kein anderes Gegensatzpaar das deutsche Bildungswesen in seiner Geschichte, seiner bildungstheoretischen Programmatik sowie seiner bildungspolitischen Struktur geprägt hat. Grundlegend war dabei die Vorstellung, daß Allgemeinbildung und Berufsbildung keine *gleichwertigen* Qualitäten seien, bei dem, um das es der öffentlichen Bildung zu gehen habe: *um die Entwicklung des Menschen zu seinem Zwecke.* Die Frage, was denn der Zweck des Menschen sei, versuchte W.v.Humboldt mit der Formel zu klären: "Der wahre Zweck des Menschen (...) ist die höchste und proportionierliche Bildung seiner Kräfte zu einem Ganzen" (Humboldt, zit. nach: Benner 1990, S.48), d.h. die Bildung des Subjektes. Und Humboldt glaubte bekanntlich auch zu wissen, welche Inhalte bzw. Bildungsgüter für eine solche Kräftebildung besonders geeignet seien. In seiner Schrift

"Über das Studium des Altertums und des Griechischen insbesondere" stellte er den materialen Kerngedanken seiner Bildungstheorie dar: "Der moderne Mensch (...) kann durch das Studium der Griechen *erfahren, was Menschsein eigentlich bedeutet*" (zit. nach: Blankertz/ Matthiesen 1983, S. 419; Hrvhg. R.A.).

Diese Ausgrenzungsprogrammatik, die unübersehbar in eine materiale Bildungstheorie mündete, beherrscht bis in unsere Tage hinein die Diskussion um das Verhältnis von Bildung und Qualifikation, und sie gibt sozusagen die historische Folie, auf der die Kritiker des betrieblichen Qualifikationslernens ihre Positionen entwickeln.

Die Fragen, die sich aus diesen anknüpfenden Überlegungen ergeben, sind auch - aber nicht nur - Fragen nach der Inhaltlichkeit, d.h. den Zielen und Zwecken von Bildung. Zu fragen ist:

o Sind die Inhalte der betrieblichen Weiterbildung tatsächlich allein darauf bezogen, "Subjektqualitäten (...), abgestellt auf spezifische Betriebsziele" (Meueler 1993, S.165) zu vermitteln, oder geht nicht vielmehr mit der Orientierung an systemischen Entwicklungs- und Weiterbildungsbedarfen "kollektiver Adressaten" (Schäffter 1992) eine neue Qualität von Qualifikation einher?

o Woraus begründet sich denn überhaupt der vermeintliche Gegensatz zwischen den inhaltlichen Zwecken und Zielen des Betriebes einerseits und den pädagogischen Ansprüchen an eine Entfaltung von Persönlichkeit bzw. Subjektivität andererseits? - (Geht es tatsächlich um mehr als um *formale* Bildung, Selbstreflexion und kritische Distanz, d.h. Elemente, wie sie für die mit der Neuordnung von Ausbildungsberufen und mit dem Wandel betrieblicher Arbeitsorganisation sich erweiternden Qualifikationen typisch sind?)

o Hat sich der Streitgegenstand somit nicht längst verflüchtigt (vgl. Blankertz 1977, S.171), da einerseits das Bildungskonzept selbst zunehmend an Bedeutung verliert und andererseits die Uneindeutigkeit und Ungewißheit der betrieblichen Ziele und Qualifikationsanforderungen vielfach eine enge Zweck- und Fachorientierung beruflich-betrieblichen Lernens schon längst als dysfunktional erwiesen haben?

Im folgenden werde ich versuchen, diese *These von der Verflüchtigung des Streitgegenstandes* in der Debatte um das Verhältnis von Bildung und Qualifikation zu begründen, indem ich

o zunächst dem *Bedeutungsverlust des Bildungskonzeptes* nachspüre,

o sodann einen zentralen Aspekt der betrieblichen Qualifizierungspolitik, nämlich die *Erosion des Zweckhaft-Fachlichen*, in der betrieblichen Aus- und Weiterbildung skizziere und

o schließlich in Umrissen die Konzeption einer lebendigen Kräftebildung durch beruflich-betriebliches Lernen vorstelle, die wir im Rahmen einer Modellversuchsbegleitung entwickelt haben.

Bedeutungsverlust des Bildungskonzeptes

Die 90er Jahre sind in der Erwachsenenbildung - folgt man der für diesen Sachverhalt wohl präzisesten Zeitdiagnostik von Horst Siebert - durch eine "Bedeutungslosigkeit des Bildungsbegriffs" (Siebert 1993b, S.59) gekennzeichnet, die u.a. auch darin ihren Ausdruck findet, daß von der Verbindlichkeit eines Bildungskanons heute weniger denn je ausgegangen werden kann: "Erwachsenenbildung hat sich >entstrukturiert< und ist in benachbarte Subsysteme >eingesickert<: in das Arbeitsmarkt- und Gesundheitssystem, in den Tourismus und die neuen sozialen Bewegungen" (ebd., S.58) und mithin auch in die Betriebe. Von diesem Trend ist auch der emphatische Anspruch der Aufklärung, der für die Bildungsidee konstitutiv war, betroffen: "Erwachsenenbildung" - so Siebert - "ist pragmatischer, funktionaler, auch unpathetischer geworden" (ebd., S.59).

Mit dieser Einschätzung steht Horst Siebert keineswegs alleine, wenn ich mich auch im folgenden weitgehend seiner Argumentation anschließen werde. Spätestens seit dem "Ende der großen Entwürfe" (Fischer u.a. 1992) wurde auch für die Bildungstheorie die Frage virulent, ob und inwieweit die dem Aufklärungsanspruch zugrundeliegende Vorstellung universaler Wissens-, Vernunfts-, Deutungs- und Beurteilungsstrukturen *überhaupt* erkenntnis- sowie wissenschaftstheoretisch und damit schließlich auch didaktisch überhaupt noch überzeugend gerechtfertigt werden kann. Insbesondere erschüttert die "postmoderne Kritik an jedem Einheitsgedanken" das Bildungskonzept nachhaltig, denn: "Bildung stellt einen solchen Einheitsgedanken dar" (Forneck 1992, S.14). Vor diesem Hintergrund stellt die "ironische Theorieperspektive" (Siebert 1993a, S.151) einen möglichen Ausweg - i.S. einer Art "Notausgang" - dar. Eine solche Theorieperspektive weiß auch um die Unübersichtlichkeiten, Ungleichzeitigkeiten und Paradoxien moderner Bildungs- und Qualifizierungsarbeit, sie "springt" nicht zurück auf das vertraute Terrain der Ausgrenzungsthese einer nostalgischen Bildungstheorie, sondern begründet das Lernen Erwachsener "relativitätspädagogisch" als Deutungslernen. Ausgangspunkt einer solchen "Relativitätspädagogik" - ein Begriff, der von Finkielkraut (1989, S.102) stammt - ist das Aufgehen der Bildung im Kulturellen bzw. im Interkulturellen. Bildung wird so als Prozeß der Auseinandersetzung *mit* und der Aneignung *von* neuartigen und fremden Deutungen i.S. einer "biographischen Synthetisierung (Siebert 1992, S.57) konzipiert: "Die unterschiedlichen Deutungsmuster sind zwar nicht alle gleich gültig und damit beliebig, aber ihre Gültigkeit muß jeweils neu unter Beweis gestellt werden" - so lesen wir bei Horst Siebert. Und weiter schreibt er: "Interkulturelles Lernen wird so nicht nur zum Konzept der Bildungsarbeit mit Ausländern, sondern zum Paradigma für kommunikative Bildungsarbeit generell" (Siebert 1992, S.55; vgl. Arnold 1992). Dies bedeutet, daß Bildung im weitesten Sinne als Deutungsarbeit konzipiert werden kann. Bei diesem Prozeß der kommunikativen Suche, Erprobung und Reflexion von Deutungsmustern und - alternativen - Deutungsangeboten müssen die mit ihnen verbindbaren Geltungsansprüche im erwachsenenpädagogischen Diskurs jeweils neu begründet werden (Arnold 1993b, S.113), wobei der Gesichtspunkt der "Viabilität" (v.Glasersfeld 1992, S.18), d.h. der "Gangbarkeit" und "Tragfähigkeit" sowie der Erklärungs- und lebensweltlichen Handlungsrelevanz von Deutungen letztlich ein stärkeres Kriterium ist als sie das überlieferte bildungstheoretische Leitprinzip der Aufklärung allein zu konstituieren vermag. Eine der Aufklärungsidee verpflichtete Erwachsenenbildung ist demgegenüber allenfalls noch "ironisch möglich", indem wir "so tun, als ob der Mensch ein Vernunftwesen wäre" (Siebert 1993b, S.155). Bildung "ereignet sich" nach dieser Sichtweise "im Gespräch mit anderen, im interessierten, emphatischen Nachdenken, in der Überprüfung und Revision der eigenen Position und Deutungsmuster" (Siebert 1992, S.54).

Entscheidender als dieser "Abschied von der Aufklärung" (Krüger 1990) - oder weniger hart formuliert: als dieser *Bedeutungsverlust des Bildungskonzeptes* - scheint mir die Neubestimmung der erwachsenenpädagogischen Professionalität oder Qualität (Nuissl 1993) zu sein. Denn auch diese müssen m.E. nach den Interkulturalitätsmaßgaben einer Relativitätspädagogik entwickelt und gestaltet werden. Dabei ist davon auszugehen, daß die kulturelle Distanz des "intellektuellen" Erwachsenenbildners gegenüber der Alltagskultur seiner Teilnehmer häufig nicht weniger groß ist wie die des Europäers gegenüber den ihm fremden Kulturen. Doch - und dieser Unterschied ist m.E. wesentlich - während sich in der interkulturellen Bildung zunehmend eine relativistische Sichtweise durchsetzt, die - auf der Basis einer Differenztheorie - von der prinzipiellen Dignität (bzw. "Unantastbarkeit") kulturtypischer, d.h. lebensweltlicher Deutungen ausgeht (vgl. Arnold 1991b, S.41ff), setzt sich in der Erwachsenenbildung, die sich als Deutungshilfe versteht, mehr oder weniger ungebrochen die defizittheoretische Annahme fort, daß es der Erwachsenenbildner oder die Weiterbildnerin sei, die über *die* neuen, weiterführenden Sichtweisen "verfügt", welche letztlich zu einer "differenzierteren", "aufgeklärteren" und "identitätsfördernden" Deutung, kurz: zur Bildung, zu führen vermögen. Dieses Handlungsmuster einer "aufklärenden" Bildungsarbeit gilt es m.E. abzulösen durch eine Professionalität, die den Anforderungen an eine interkulturelle Deutungsarbeit Rechnung zu tragen vermag, und schon allein dadurch dürfte sich die konzeptionelle Distanz zur betrieblichen

Weiterbildung verringern, da in diesem Bereich des Erwachsenenlernens seit Jahren auch systematisch mit Ansätzen (z.B. NLP) gearbeitet wird, mit denen bei den Mitarbeitern u.a. "die Flexibilität der eigenen Deutungsmuster erweitert werden soll" (Arnold 1991a, S.160).

Eine in diesem Sinne professionalisierte Erwachsenenbildung hätte davon auszugehen, daß es schließlich die subjektiven Wirklichkeitskonstruktionen sind, die - häufig genug auch "hinter dem Rücken" der Handelnden - Sinn und Ziele ihres Handelns konstituieren. Und dabei müßte eine solche systemisch-konstruktivistische Sicht der Dinge auch sowohl mit den Trivialisierungen der rationalistischen Didaktik-Ansätze bildungstheoretischer und lerntheoretischer Provenienz als auch mit nostalgischen Konzepten einer zweckfreien Subjektentwicklung brechen und - auch auf der Basis eines gewandelten Verständnisses des Zusammenhanges vom Lehren und Lernen - eine evolutionäre Didaktik entwickeln, die sich nicht als "Erzeugungs-", sondern als "Ermöglichungsdidaktik" (vgl. Arnold 1991a, S.53) versteht bzw. als eine Instanz, die gleichermaßen theoretische Erklärungen und praktische Gestaltungshinweise für eine "Modellierung von Lernwelten" (Kösel 1993) bereithält, in denen Menschen selbstorganisiert lernen und ein Vertrauen in ihre eigenen Kräfte entwickeln können. Eine solche evolutionäre Neubegründung von Bildung bedarf nicht länger einer Negativbestimmung vom Zweckhaften und Qualifikationsorientierten her. Es sind vielmehr - nach meiner Einschätzung - zwei Perspektiven, die bei der Neubestimmung von Bildung *und* Qualifikation heute miteinander verzahnt werden sollten: *Zum einen ist dies das Prinzip der Selbstorganisation, demzufolge Lernende und Lehrende als lebende Systeme anzusehen sind, die autonom und selbstreferentiell handeln, und zum anderen ist dies der Deutungs(muster)ansatz, demzufolge die Handelnden sich ihre subjektive Wirklichkeit selbst "konstruieren" und auf der Grundlage dieser Konstruktionen handeln bzw. lehren und lernen. Verkürzt ließe sich andeuten, daß einer solchen evolutionären Erwachsenenbildung bewußt ist, daß ihre Adressaten "im Modus der Auslegung" (Tietgens) leben und lernen, und sie deshalb ihre Gestaltungsvorschläge und Lernprojekte gemäß eines "Modus des Zulas-*

sens" (Lenzen 1991, S.123) zu konzipieren und zu realisieren versucht.

Daß es dabei - neben aller Selbstorganisation - immer auch um die gesellschaftliche Vermitteltheit von Herrschaft oder Autonomiespielräumen geht, d.h. um die Frage ihrer Begründbarkeit oder Nicht-(mehr)-Begründbarkeit vor dem Hintergrund des historisch erreichten und ökonomisch notwendigen Grades des rechten Vernunftgebrauchs, darf nicht übersehen werden. Doch auch und gerade die gesellschaftstheoretische Begründung von Bildung ist in Selbstauflösung begiffen, seit zahlreichen Betrieben klar zu werden beginnt, daß mit den autoritären und hierarchischen betrieblichen Herrschaftsmustern nicht mehr ein für das Überleben auf dynamischen und hochkompetitiven Märkten ausreichender Kooperations- und Qualitätserfolg erzielt werden kann. Man kann nicht umhin festzustellen, daß "das neue Modernitätsverständnis betrieblicher Rationalität" (Harney 1992), das auf der Qualifikationsebene seinen Niederschlag in den Leitkonzeptionen einer erweiterten Qualifizierung bzw. Schlüsselqualifizierung findet, auch die Gegensätze zwischen Bildung und Qualifikation aufweicht. Ähnliches gilt auch für den kritischen Hinweis, daß es trotz aller berechtigten oder unberechtigten Konvergenzhoffnungen Herrschaft und Fremdbestimmung weiterhin und unübersehbar in den Unternehmen gäbe. Hierzu habe ich kürzlich in einem anderen Kontext darauf hingewiesen, daß

"(...) die Frage, die heute - und gerade aus Gründen einer ideologie- und erkenntniskritischen Wachsamkeit - gestellt werden muß, vielmehr (ist), ob mit den traditionellen Formen betrieblicher Herrschaft für die sich diversifizierenden Märkte überhaupt noch erfolgreich produziert werden kann. Abbau von Hierarchien, die Einrichtung von selbstorganisierten Arbeitsgruppen und die Vermittlung von >selbstschärfenden< oder >reflexiven< (Schlüssel-) Qualifikationen sind letztlich nur >um den Preis< des sozial verantwortlichen und mündigen Individuums zu >haben<. Bildung wird somit heute durch Technik und betriebliche Herrschaft nicht mehr nur negativ determiniert, vielmehr erhält die Bildungsintention gerade durch die technische Entwicklung selbst und die mit ihr notwendig gewordene >erweiterte

Qualifizierung< der Beschäftigten erstmals wirklich die Chance, die Arbeitswelt humaner zu gestalten (...).

Die Unbegrenzbarkeit formaler Bildung beinhaltet jedoch auch die Möglichkeit, daß Schlüsselqualifikationen von Mitarbeitern eines Unternehmens durchaus auch gegen die Absichten des Managements >ins Spiel gebracht werden< können. Schlüsselqualifikationen beinhalten somit ein Qualifikationsrisiko für die Unternehmen, auf das diese sich jedoch einlassen müssen, wollen sie nicht auch auf die für sie funktionale Seite dieser Qualifikation verzichten" (Arnold 1994, S.35).

Die Fragen, die sich aus diesen Überlegungen zum Bedeutungsverlust des Bildungsbegriffs und den Möglichkeiten einer unpathetischen Neubegründung im Kontext von Selbstorganisation und Deutung ergeben, sind u.a.

o Inwieweit lassen sich betriebliche Weiterbildungsmaßnahmen als Deutungslernen konzipieren? Wie stellt sich insbesondere bei fachlicher Qualifizierung das Zusammenspiel von fachlicher "Eindeutigkeit" und subjektiver "Mehrdeutigkeit" in Lernprozessen dar?

o In welchem Umfang und in welchen unternehmerischen Kontexten läßt sich die Strategie einer erweiterten Mitarbeiterqualifizierung als Ausdruck einer rhetorischen Kosmetik decouvrieren, "deren Orientierung Sicherheitsgewinne im ständigen Entwerfen des idealen Mitarbeiter-Selbst sucht" (Harney 1992, S.321)?

o Mit welchen Segmentationsprozessen ist im Zuge der betrieblichen Modernisierung ("lean management") zu rechnen? Welche konzeptionellen Differenzierungen ergeben sich für eine evolutionäre Berufspädagogik (Leitbegriffe: Selbstorganisation, Deutung) im Blick auf die "Bildungsgewinner" der systemischen Rationalisierung einerseits und ihre "Bildungsverlierer" andererseits? Verkommt möglicherweise vielerorts bereits der Bildungsbegriff zu einer Tröstungsmethapher für die Bildungsverlierer?

Exkurs: Betriebspädagogischer Konstruktivismus und Pragmatismus

Die aktuellen betriebspädagogischen sowie im weitesten Sinne auch bildungstheoretischen Annäherungsversuche bewegten sich sowohl erkenntnistheoretisch als auch bildungstheoretisch nach meiner Einschätzung "auf dünnem Eis". Es wurde nämlich lange Zeit nahezu gänzlich übersehen, daß wir uns auch bei diesen Bemühungen in einer "gänzlich zirkulären Situation" (Maturana/ Varela 1987, S.32) befinden: Theorien und Theoretiker sind "an ihren eigenen >Wahrheiten<" selbst beteiligt (Harney 1990, S.10). Diese Selbstrückbezüglichkeit von Theoriebildung ist Grund genug - im Blick auf unser Thema - zu fragen, ob die

"(...) Dualität zwischen Bildung und Qualifikation Teil des Beobachteten, d.h. Teil der Realität, oder Teil bzw. besser: Eigenanteil des Beobachters ist" (Arnold 1993a, S.127).

Die Gefahren eines naiven Realismus, die mit einer solchen dualistischen Konstruktion von Wirklichkeit durch den Beobachter bzw. Theoretiker verbunden sind, sind bislang keineswegs gebannt. Es ist deshalb nach wie vor notwendig, nachdrücklich darauf hinzuweisen, daß Theoriebildung eine Konstruktion von Wirklichkeit bzw. eine "Fabrikation von Erkenntnis" (Knorr-Cetina 1984) ist, die mit biographischen Eigenanteilen, subjektiven Denktraditionen und Präokkupationen des Theoretikers eng verbunden ist. Theoretiker und ihre Theorien befinden sich deshalb ständig in der Gefahr, "alle anderen Wirklichkeitskonstruktionen für falsch zu erklären (und womöglich zu bekämpfen)" (Watzlawick 1992, S.14), mit der Folge, daß wir bildungstheoretisch kaum noch in der Lage sind, "Alternativwirklichkeiten auch nur in Betracht zu ziehen, wenn unser Weltbild anachronistisch wird und daher immer weniger paßt" (ebd.).

Nun kann man sicherlich trefflich darüber streiten, ob eine "neue Epistemologie" (Kösel 1990, S.163) wirklich notwendig ist, oder ob diese fundamentalen erkenntnistheoretischen Fragen nicht bereits zwischen 1890 und 1930 z.B. von Cassirer u.a. "geklärt" (Harney 1990, S.7) worden sind. Und streiten kann man sicherlich auch darüber, ob uns eine solche "neue Epistemologie" letztlich wirklich über die Evolutions- und Handlungsbegriffe des Pragmatismus hinauszuführen vermag (vgl. Hennen, 1994, S.137), dem es ja bekanntlich überhaupt nicht um die Erkennbarkeit der Welt ging, sondern - nach dem Motto "Truth is, what works" - um die Lösung von Problemen. In diesem Sinne war es J. Dewey gerade *nicht* um die "Suche nach Gewißheit" zu tun, sondern um die konkrete Lösung von Fragen und das Bewältigen von Problemen:

"Wir lösen Fragen nicht: Wir lassen sie hinter uns. Alte Fragen werden dadurch gelöst, daß sie verschwinden, sich selbst auflösen, während neue Fragen, die mit der veränderten Haltung bezüglich Anstrengung und Neigung zusammengehen, ihre Stelle einnehmen" (Dewey; zit nach: Schreier 1986, S.30).

Ließe sich vielleicht die Bildungsfrage der Betriebspädagogik am einfachsten nach diesem "Rolltreppenprinzip" lösen, indem wir sie hinter uns lassen?

Die Erosion des Zweckhaft-Fachlichen

Auch das, was man als Erosion des Zweckhaft-Fachlichen bezeichnen kann, führt letztlich dazu, daß sich die Grenzziehungen zwischen Bildung und Qualifikation nach Maßgabe ihrer Zweckhaftigkeit bzw. Zweckfreiheit[1] verflüchtigen. *Denn wenn der Inhalt nicht mehr -*

---

[1]   Es ist m.E. kennzeichnend., daß die Befürworter einer zweckfreien Bildung die inhaltliche Dimension stark in den Vordergrund stellen, wobei ihnen zumeist vollständig entgeht, daß die "proportionierliche Ausbildung aller Kräfte" (Humboldt) auch - wenn nicht sogar in erster Linie - ein methodisch-didaktisches Problem ist. So betrachtet können es mit

allein - im Vordergrund steht, sind auch die Ziele und Zwecke, die mit ihm verbunden werden, nicht mehr das Zentrale.

Folgt man der berufspädagogischen Prognostik, so wird es zwar auch in Zukunft nach wie vor wichtig sein, allgemeinbildende Kenntnisse und ein ausreichendes berufliches Grundwissen zu erwerben, doch wird es nicht mehr so stark darauf ankommen, die letzten fachlichen Details oder eine tiefgreifende fachliche Spezialisierung zu erwerben. Denn gerade solche Detail- und Spezialisierungskenntnisse können vielfach immer leichter von Computern abgerufen werden, und auch die Lösung komplizierter beruflicher Probleme oder fachlicher Bearbeitung werden heute bereits zunehmend von automatischen Steuerungssystemen übernommen, während der Mensch selbst immer stärker aus dem unmittelbaren Arbeitsprozeß heraustritt und planerische, vorbereitende, überwachende und korrigierende Funktionen übernimmt (Bojanowski u.a. 1991, S.105), d.h. *der Inhalt der Fachtätigkeit wandelt sich: Um die heute zunehmend geforderten Tätigkeiten ausführen zu können, müssen andere als (nur) fachliche Kompetenzen erworben werden.* Diese Tendenzen haben bereits 1988 Michael Brater u.a. zu der starken These verdichtet, daß

"heute an vielen Stellen die Anforderungen der Arbeitswelt umschlagen in Anforderungen an die freie Entwicklung der Persönlichkeit (...)"

"gleichem Recht" auch berufsbildende Inhalte sein, an denen sich Persönlichkeitsbildung vollzieht, ebenso wie sich in der Auseinandersetzung mit "klassischen" Inhalten Persönlichkeitsbildung dann nicht vollzieht, wenn diese fremdorganisiert, lehrerzentriert und kontrollierend erfolgt. Daß auch eine Auseinandersetzung mit zweckfreien Bildungsgütern zu einer verengten Spezialisierung und reduziertem Menschentum führen können, wußte jedoch bereits Seneca zu berichten der in seinem 88. Brief an Lucilius die allgemeinbildende Beschäftigung mit den freien Künsten einer vernichtenden Kritik unterzieht: "Die >freien Künste< verdienen diesen Namen nicht; denn sie machen den Menschen nicht frei, sondern verraten ihn an das Fremde anstatt ihn auf seine eigenste Aufgabe, auf das besondere Leben (virtus) zu verweisen" (zit. nach: Ruhloff 1983, S. 28).

und daß

"(...) Berufsausbildung, gerade weil sie sich an den Anforderungen der Arbeitswelt orientiert, mehr und mehr allgemeine Persönlichkeitsbildung werden muß. (...) Berufsbildung wird zu demjenigen Ort, an dem wesentliche Inhalte der alten >Allgemeinbildungsidee< verwirklicht werden können" (Brater u.a. 1988, S.44f).

Diese Erosion des Zweckhaft-Fachlichen läßt auch eine innere Reform der betrieblichen Aus- und Weiterbildung als unausweichlich notwendig erscheinen. Moderne Berufsbildung muß heute neben einer (nach wie vor wichtigen) Fachkompetenz auch eine Methoden- und Sozialkompetenz entwickeln (helfen). Sie muß der Tatsache Rechnung tragen, daß methodische und soziale Fähigkeiten heute bereits mehr und mehr *fachlich* notwendig sind. Sie muß ein didaktisch-methodisches Konzept entwickeln, das der Tatsache Rechnung trägt, daß man auf dem unsicheren und sich rasch wandelnden "Terrain" einer fachlichen Spezialisierung *allein* heute keine lebenslang ausreichende Berufskompetenz mehr entwickeln kann. Vielmehr muß der Wandel selbst in die Qualifizierung mit aufgenommen werden: "Die Fähigkeit zur Anpassung an jede neu geforderte Qualifikation wird zu einem herausragenden Qualifikationsmerkmal" (Huisken 1991, S. 318). *Menschen müssen wandlungsbereit und wandlungsfähig bleiben; sie müssen "selbstschärfende Qualifikationen" (Bauerdick u.a. 1993, S.114) erwerben, und methodische sowie soziale Kompetenzen sind hierfür andauerndere Voraussetzungen als rasch veraltendes fachliches Spezialwissen.*

Hinzu kommt ein weiterer Aspekt, nämlich das, was man als "Biographisierung" beruflichen und berufsbezogenen Lernens bezeichnen könnte, denn in einem durchaus evolutionären Sinn, muß sich berufliches bzw. berufsorientiertes Lernen zunehmend auch vorbereitend auf die Entwicklungslogik der gesamten Lebensspanne des heutigen Menschen beziehen. Eine solche evolutionäre Berufspädagogik müßte der Tendenz Rechnung tragen, daß berufliche Identität sich in der modernen Gesellschaft zunehmend weniger an den "inhaltlichen" und "lebenslänglichen" Aspekten eines Berufes "festmachen" kann. An Bedeutung gewinnen vielmehr die reflexiven Fähigkeiten des einzelnen, Veränderungen in seiner beruflichen Entwicklung flexibel und kontinuierlich in neue Entwürfe einer Ich-Identität integrieren zu können. Eine Berufsbildung, die diese Fähigkeiten unterstützen und z.B. die Bereitschaft zum "lebenslangen Lernen" fördern möchte, sieht sich demnach vor der paradoxen Aufgabe, nicht mehr (nur) - wie früher - eine "Bindung an den Beruf" durch fachliche Qualifizierung vorzubereiten, sondern gleichzeitig bereits auch - gewissermaßen vorsorgend - die Bereitschaft zur "Lösung" von vertrauten beruflichen Mustern und berufsbiographischen Bindungen grundzulegen.

Für die Entwicklung einer Theorie betrieblichen Lernens ergeben sich aus dieser Erosion des Zweckhaft-Fachlichen Fragestellungen, die sowohl die fachdidaktische Diskussion, als auch die Konzepte einer lebenslaufsbezogenen Erwachsenenbildung und die Unternehmenskultur-Debatte berühren dürften. Zu fragen ist u.a.:

o Wie steht es tatsächlich um die Veralterung des fachlichen Wissens? Welche Wissensbestandteile veralten wie schnell, und welches sind in den einzelnen Fachgebieten die invarianten Elemente eines Struktur- und "Knotenpunktwissens" (Grüner) mit Exemplaritätsgehalten und Transferpotentialen?

o Wie erleben Menschen aus unterschiedlichen Lebenskontexten heraus (z.B. Männer, Frauen, unterschiedliche Altergruppen, Bildungsgewinner, Bildungsverlierer, Führungskräfte, Fach- und ungelernte Arbeiter) und mit unterschiedlichen biographischen Erfahrungen die Erosion des Zweckhaft-Fachlichen und wie gehen sie damit um?

o In welchem ursächlichen Zusammenhang stehen die Konzepte von "Unternehmenskultur", "Schlüsselqualifizierung" und "erweiterter Qualifizierung" mit der Erosion des Fachlich-Zweckhaften als dem traditionellen Kern beruflicher Identität und von Berufskultur?

Bildende Qualifizierung: Kräftebildung durch lebendiges und reflexives Lernen

Ein erster vorläufiger Versuch zur Präzisierung dessen, was zur Neubegründung von Bildung und Qualifikation bislang angedeutet worden ist, hat m.E. von einem *reflexiven* Verständnis von Bildung und Qualifikation auszugehen, d.h. als Bildung und Qualifikation oder besser: als *bildende Qualifizierung* kann man Lernprozesse bezeichnen, in denen ein Individuum die *Voraussetzungen* dafür erwirbt, sich selbsttätig, selbstorganisiert sowie mit kritischem Urteil und gestaltend (vgl. Rauner/ Heidegger 1989) *dann* mit den erforderlichen Handlungs- und Lernanforderungen auseinandersetzen zu können, wenn es sich mit diesen konfrontiert sieht. Lernprozesse müssen deshalb "vorsorgend" hierzu in die Lage versetzen. In diesem Sinne gilt auch für die bildende Qualifizierung das, was F.Vester in anderem Zusammenhang als Ziel aller Bemühungen um Anpassung an Wandlungen mit der Feststellung umschrieben hat, "(...) daß nicht der Anpassungszustand, sondern die Anpassungsfähigkeit optimiert werden muß" (Vester 1992, S.158).

Wenn solche reflexiven Fähigkeiten bzw. solche bildenden Qualifikationen gefördert werden sollen, dann muß m.E. das Lernen selbst so arrangiert werden, daß selbständige Suchbewegungen nicht verhindert, sondern ermöglicht werden. Solche lebendigen Lernprozesse setzen Aktivitäts-Methoden voraus, bei denen die Initiative im Lernprozeß erst allmählich und dann immer mehr auf den Lernenden übergeht. In diesem Sinne hat sich in den letzten Jahren das Methodenspektrum in der betrieblichen Weiterbildung deutlich gewandelt. Diese Wandlungen können m.E. als Ausdruck einer geänderten Lernkultur angesehen werden, wobei die Verantwortlichen davon ausgehen,

"(...) daß die Qualität von Lernprozessen, die auf die Ausbildung ganzheitlicher beruflicher Handlungskompetenz ausgerichtet ist, nicht allein eine Revision der Inhalte beruflicher Bildung erforderlich macht, sondern mindestens ebenso sehr auf einen methodischen Neuansatz verweist, der in der Organisation von Lernprozessen der intendierten Förderung von planerischen, ausführenden und kontrollierenden Kompetenzen didaktisch Rechnung trägt" (Dybowski/ Herzer 1990, S.17).

Die Förderung von Selbständigkeit und Selbsttätigkeit wird in betrieblichen Qualifizierungsprozessen somit nicht ausgeschlossen, sondern erweist sich bereits in zahlreichen Betrieben als Kernanliegen moderner Qualifikationspolitik. Eine in diesem Sinne "bildende" Qualifizierung setzt ganzheitliche Lernprozesse voraus, d.h. Lernprozesse, in denen "etwas" gelernt wird, das für das Individuum "Signifikanz" (Rogers) hat, und in denen dieses Lernen in einer Form "geschieht", in der der ganze Mensch lernt bzw. lernen kann. Diese Ganzheitlichkeit lebendiger Lernprozesse läßt sich dabei auf der Basis eines integrativen Verständnisses von Bildung und Qualifikation arrangieren, wobei davon ausgegangen wird,

o   daß Bildung heute nicht mehr inhaltlich nach Maßgabe seiner Zwecke oder Nicht-Zwecke definiert werden kann,

o   daß Qualifizierung zwar *Fachkompetenz* aufbauen und entwickeln muß, diese aber - paradoxerweise - immer stärker auch auf *Methoden-* und *Sozialkompetenz* angewiesen ist, für deren Entwicklung systematische "Vorkehrungen" bzw. "Arrangements" getroffen werden müssen, und

o   daß schließlich sowohl Bildung als auch Qualifikation heute durch die Trias "Umgang mit sich selbst" (Person), "Umgang mit anderen" (Lerngruppe) und "Umgang mit der außersubjektiven Wirklichkeit" (Sache) gekennzeichnet ist (Siebert 1992, S.52ff).

Von besonderer Bedeutung für das Arrangement oder die "Modellierung von Lernwelten" (Kösel 1993) von in diesem Sinne ganzheitlichen und lebendigen Lernkulturen ist der Ansatz der Themenzentrierten Interaktion, der letztlich wohl auch der Siebert'schen Vorstellung eines "reflexiven Lernens" (Siebert o.J.) zugrundeliegt. Dieser Ansatz hat nach meiner Einschätzung am nachdrücklichsten dafür sensibilisiert, daß es in Lern- und Bildungsprozessen niemals *nur* um die Sache geht, notwendig ist vielmehr eine "relative, dynamische Ausgeglichenheit" (Cohn 1975, S. 113) zwischen Person ("Ich"), Sache ("Es") und Lerngruppe ("Wir"), wie Ruth Cohn verschiedentlich deutlich gemacht hat. In dem von ihr mitherausgegebenen und 1993 erschienenen Werk zum Thema "Lebendiges Lernen macht Schule" ist zu lesen: "Wer die Verantwortung für sein Lernen und Nicht-Lernen übernimmt, handelt verantwortungsvoll gegenüber sich und anderen Menschen. Wer sich entscheiden lernt, ist auf dem Weg zur Mündigkeit" (Osswald 1993, S.222), - dies scheint mir eine der grundlegendsten Maximen einer auf die Vermittlung von Schlüsselqualifikationen bezogenen bildenden Qualifizierung zu sein.

Bildung als eine durch den "Umgang mit sich selbst, mit anderen und mit der außersubjektiven Wirklichkeit" (Siebert 1992, S. 51) erwerbbare Subjektqualität setzt lebendiges und reflexives Lernen notwendig voraus. "Lebendig" ist ein Lernen, das an die Stelle der didaktisch noch so geschickten Auswahl und Aufbereitung von Wissensinhalten, "die Organisation von aktiven, zielgerichteten und transparenten Tätigkeiten" (Gudjons 1992, S.58) setzt, d.h. es geht in der betrieblichen Aus- und Weiterbildung gleichermaßen heute weitgehend darum, Fragen, Aufgabenstellungen, Arbeitsaufträge oder Gestaltungsaufgaben zu definieren, bei deren Bearbeitung der Lernende notwendigerweise *auch* - und weitgehend selbstgesteuert - auf die Struktur des neuen Inhalts stößt, gleichzeitig aber grundlegende Fähigkeiten und Erschließungskompetenzen i.S. einer formalen Bildung entwickelt.

Lebendiges Lernen kann - konzipiert man es in diesem Sinne - stärker als selbstorganisierte Aneignung durch die Lernenden - m.E. nur angemessen didaktisch gedeutet, konzipiert und organisiert werden, wenn es gelingt, an die Stelle *lehr*theoretischer Didaktik-Ansätze eine *lern*theoretische Sicht dieser Aneignung zu setzen. Erste Grundlinien eines solchen subjektorientierten bzw. besser: vom Subjekt her entwickelten Verständnisses von Lernen hat Klaus Holzkamp (1993) skizziert. Beschreitet man diesen subjektorientierten Weg weiter, so wird - und dies sei hier nur angedeutet - in Umrissen deutlich, in welcher begrifflichen Assoziationskette ein anderes didaktisches Paradigma des Lernens entwickelt werden müßte, das dann für Didaktik und Bildungspolitik gleichermaßen leitend werden könnte: An die Stelle der alten didaktischen Schrittfolge "Lehren - Vermittlung - Führung" muß heute die Schrittfolge "Lernen - Aneignung - Selbsttätigkeit" treten (vgl. Jank/Meyer 1991, S. 265).

Fragestellungen, die sich aus einer solchen integrativen Konzeption von Bildung und Qualifikation ergeben, sind u.a.:

o   Wie lassen sich ganzheitliche Prozesse einer bildenden Qualifizierung arrangieren? Welche Methoden enthalten Valenzen zur Förderung von Selbständigkeit und Selbsttätigkeit in der betrieblichen Aus- und Weiterbildung? Über welche Qualifikationen müssen Weiterbildnerinnen und Weiterbildner verfügen, um solche ganzheitlichen Prozesse einer bildenden Qualifizierung initiieren, gestalten und begleiten zu können?

o   Welche fachdidaktischen Konsequenzen ergeben sich aus einer Konzeption reflexiven Lernens, in der es - wie gesagt - nicht *nur* um die Sache geht? (Stichworte: Problemlösendes Lernen, Lernen *an* Gestaltungsaufgaben etc.)

o   Beschränkt sich der integrative Anspruch einer bildenden Qualifizierung "nur" auf die Individuen in einem Betrieb oder auch auf dessen Strukturen? - eine Überlegung, mit der wir bei der Frage nach dem "gebildeten" Unternehmen (Petersen 1994) angelangt wären.

o   Wie könnte eine Didaktik der betrieblichen Weiterbildung "beschaffen" sein, die Lernen nicht im lehrorientierten Modus von "Vermittlung" und "Führung", sondern im lernorientierten Modus von "Aneignung" und "Selbsttätigkeit" zu konzipieren und zu gestalten vermag?

Fazit

Mit meinen einleitenden Ausführungen zum Thema "Bildung *und* oder *oder* Qualifikation?" wollte ich einigen Divergenzen und Konvergenzen in der betrieblichen Weiterbildung nachspüren. Was dabei zur Sprache kam, bietet Anknüpfungspunkte für weitere Sondierungen und Debatten. Für mich ergab sich als Folgerung das integrative Modell einer bildenden Qualifizierung, zu dem mich folgende Überlegungen geführt haben:

o Bildung kann nicht mehr von Inhalten, inhaltlichen Zwecken und Zielen allein begründet werden, d.h. der Streitgegenstand hat sich verflüchtigt.

o Man kann von einem Bedeutungsverlust des Bildungskonzeptes ausgehen, wobei sich gleichwohl Grundlinien seiner Neubestimmung im Sinne einer Differenzierung und Transformation von Deutungsmustern abzeichnen.

o Das Zweckhaft-Fachliche ist immer weniger das Zentrale, und vielerorts schlagen bereits die Anforderungen der Arbeitswelt in Anforderungen an die Persönlichkeitsentwicklung (Brater) um;

o und deshalb erfordern heute zunehmend die Arbeitsmarktanforderungen vom beruflich-betrieblichen Lernen eine "bildende Qualifizierung" im Sinne einer Kräftebildung durch reflexives und lebendiges Lernen.

Der Gegensatz von Bildung und Qualifikation verflüssigt sich somit unübersehbar, und diejenigen, die ihn weiterhin auf der Basis eines nostalgischen Bildungsbegriffs "beschwören", müssen sich auch fragen (lassen), ob ihre eigenen Motive möglicherweise etwas gemeinsam haben mit den verbreiteten Schwierigkeiten, sich von der Rechts-Links-Ordnung zu lösen. Hierzu schreibt Ulrich Beck in seinem Buch "Die Erfindung des Politischen":
"Weil die Menschen auch noch den letzten Halt der Links-Rechts-Ordnung verlieren, restaurieren sie die Links-Rechts-Ordnung. Vielleicht hat diese Ordnungsmetapher tatsächlich unersätzliche Vorteile: Sie gilt immer und überall, ihre Übertragung auf das Politische ist geschichtlich eingestimmt und eingeschliffen, und sie schneidert die (überfordernde) Komplexität bipolar, also handlungsfähig zu, eine Kostbarkeit, die gerade mit dem Verfall der Weltordnung ihren Wert steigert" (Beck 1993, S.230f).

Literatur

Apitsch, U.: Bildung - Transformation oder Deformation des Lebenslaufs? In: Meier, A./ Rabe-Kleeberg, U. (Hrsg.): Weiterbildung, Lebenslauf, sozialer Wandel. Neuwied 1993, S.105-116

Arnold, R.: Betriebliche Weiterbildung. Bad Heilbrunn/OBB 1991a

Arnold, R.: Erwachsenenbildung als Interkulturelle Bildung. In: Grundlagen der Weiterbildung, 3(1992), 2, S. 99-133

Arnold, R.: Für eine Berufspädagogik des >Und< - ein Plädoyer für Komplementarität in der Theoriediskussion zur Berufsbildung. In: Berufsbildung in Wissenschaft und Praxis, 23(1994), 1, S. 34-38

Arnold, R.: Interkulturelle Berufspädagogik. Oldenburg 1991b

Arnold, R.: Schlüsselqualifikationen - Ziele einer ganzheitlichen Berufsbildung. In: Grünhagen, M. (Hrsg.): Die Verantwortung der betrieblichen Weiterbildung. Erwachsenenpädagogische Perspektiven. Bielefeld 1993a, S. 123-138

Arnold. R.: Konstruktivistische Perspektiven zur Erwachsenenbildung. Umgang mit Fremdsein als Merkmal erwachsenenpädagogischer Deutungsarbeit. In: Derichs-Kunstmann, K. u.a. (Hrsg.): Die Fremde - Das Fremde - Der Fremde. Dokumentation der Jahrestagung 1992 der Kommission Erwachsenenbildung der Deutschen Gesellschaft für Erziehungswissenschaft. Frankfurt 1993b, S. 111-122

Bauerdick, J. u.a.: Qualifikationsanforderungen beim Einsatz von CIM und flexiblen Arbeitssystemen: Zum Stand der sozialwissenschaftlichen Forschung. In: Staudt, E. (Hrsg.): Personalentwicklung für die neue Fabrik. Opladen 1993, S.97-127

Beck, U.: Die Erfindung des Politischen. Zu einer Theorie reflexiver Modernisierung. Frankfurt 1993

Benner, D.: Wilhelm von Humboldts Bildungstheorie. Eine problemgeschichtliche Studie zum Begründungszusammenhang neuzeitlicher Bildungsreform. München 1990

Bender, W.: Subjekt und Erkenntnis. Über den Zusammenhang von Bildung und Lernen in der Erwachsenenbildung. Weinheim 1991

Blankertz, H.: Kollegstufenversuch in Nordrhein-Westfalen - das Ende der gymnasialen Oberstufe und der Berufsschule. In: Dauenhauer, E./ Kluge, N. (Hrsg.): Das Verhältnis von Allgemeinbildung und Berufsbildung. Bad Heilbrunn/OBB 1977, S.170-188

Blankertz, H./Matthiesen, K.: Neuhumanismus. In: Blankertz, H. u.a. (Hrsg.): Sekundarstufe II - Jugendbildung zwischen Schule und Beruf. Bd. 9.2 der Enzyklopädie Erziehungswissenschaft. Stuttgart 1983, S. 417-425

Bojanowski, A./ Brater, M./ Dedering, H.: Qualifizierung als Persönlichkeitsentwicklung. Frankfurt a.M. 1991

Brater, M./ Büchele, U./ Fucke, E./ Herz, G.: Berufsbildung und Persönlichkeitsentwicklung. Stuttgart 1988

Cohn, R.: Von der Psychoanalyse zur Themenzentrierten Interaktion. Von der Behandlung einzelner zu einer Pädgogik für alle. Stuttgart 1975

Dybowski, G./ Herzer, H.: Stellenwert der Methodendiskussion im Kontext betrieblicher Organisations- und Personalentwicklung. In: dsbn./ Bauer, G. (Hrsg.): Methoden betrieblicher Weiterbildung. Ansätze zur Integration fachlicher und fachübergreifender beruflicher Bildung. Eschborn 1990, S.15-33

Finkielkraut, A.: Die Niederlage des Denkens. Reinbek 1989

Fischer, H.R. u.a. (Hrsg.): Das Ende der großen Entwürfe. Frankfurt 1992

Forneck, H.J.: Moderne und Bildung. Modernitätstheoretische Studie zur sozialwissenschaftlichen Reformulierung allgemeiner Bildung. Weinheim 1992.

Gudjons, H.: Handlungsorientiert lehren und lernen. Schüleraktivierung, Selbsttätigkeit, Projektarbeit. Bad Heilbrunn/OBB 1992

Harney, K.: Berufliche Weiterbildung als Medium sozialer Differenzierung und sozialen Wandels. Theorie - Analyse - Fälle. Frankfurt 1990

Harney, K.: Der Trend zum Selbst: Das neue Modernitätsverständnis betrieblicher Rationalität. In: Hessische Blätter für Volksbildung, 42(1992), 4, S. 318-325

Hennen, M.: Motivation als Konstrukt einer Sozialtheorie. In: Rusch, G./ Schmidt, S. (Hrsg.): Konstruktivismus und Sozialtheorie. Frankfurt 1994, S.133-171

Holzkamp, K.: Lernen. Subjektwissenschaftliche Grundlegung. Frankfurt a.M. 1993

Humboldt, W.v.: Unmaßgebliche Gedanken über den Plan zur Einrichtung des Litauischen Schulwesens (1809). In: Flitner, A. u.a. (Hrsg.): Wilhelm von Humboldt. Werke in 5 Bänden. Band IV: Schriften zur Politik und zum Bildungswesen. 3. Auflage. Darmstadt 1982, S. 187-195

Huisken, F.: Berufliche Aus- und Weiterbildung, oder: Über das Pech, auf die lebenslange Verknüpfung von Qualifikation und Einkommen angewiesen zu sein. In: Giger, H. (Hrsg.): Bildungspolitik im Umbruch. Staatsmonopol in der Weiterbildung. Zürich 1991, S.307-336

Jank, W./ Meyer, H.: Didaktische Modelle. Frankfurt a.M. 1991

Kade, J.: Bildung oder Qualifikation? Zur Gesellschaftlichkeit beruflichen Lernens. In: Zeitschrift für Pädagogik, 29 (1983), 6, S. 859-876

Knorr-Cetina, K.: Die Fabrikation von Erkenntnis. Zur Anthropologie der Naturwissenschaft. Frankfurt 1984

Kösel, E.: Arbeitsplatzbezogenes, dezentrales Lernen und neue Lernortkombinationen. Wie können wir Schlüsselqualifikationen vermitteln? In: Dehnbostel, P./ Peters, S. (Hrsg.): Dezentrales und erfahrungsorientiertes Lernen im Betrieb. Ergebnisse der Hochschultage Berufliche Bildung. Alsbach 1990, S.161-180

Kösel, E.: Die Modellierung von Lernwelten. Ein Handbuch zur Subjektiven Didaktik. Elztal-Dallau 1993

Krüger, H.-H. (Hrsg.): Abschied von der Aufklärung. Perspektiven der Erziehungswissenschaft. Opladen 1990

Lenzen, D.: Pädagogisches Risikowissen. Mythologie der Erziehung und pädagogische Méthexis. Auf dem Weg zu einer reflexiven Erziehungswissenschaft. In: Tenorth, H.-E./ Oelkers, J. (Hrsg.): Pädagogisches Wissen. 27. Beiheft der Zeitschrift für Pädagogik. Weinheim/ Basel 1991, S.109-125

Litt,T.: Berufsbildung und Allgemeinbildung (urspr. 1947). In: Dauenhauer, E./ Kluge, N. (Hrsg.): Das Verhältnis von Allgemeinbildung und Berufsbildung. Theorie- und Praxisprobleme. Bad Heilbrunn/OBB 1977, S.7-24

Maturana, H./ Varela, F.: Der Baum der Erkenntnis. 3. Auflage. Bern u.a. 1987

Meueler, E.: Bildung zum Subjekt. Betrachtungen zur Bildung in der totalen Marktgesellschaft. Teil II. In: Westdeutsche Schulzeitung, 103 (1994), 2, S.20-21

Meueler, E.: Die Türen des Käfigs. Wege zum Subjekt in der Erwachsenenbildung. Stuttgart 1993

Nuissl, E.: "Qualität" - eine pädagogische Kategorie oder Etikett? In: Hessische Blätter für Volksbildung, 43(1993), 2, S. 103-108

Osswald, E.: Gestalten statt verwalten. Die lebendige Schule und ihre Schulleitung. In: Cohn, R./ Terfurth, C. (Hrsg.): Lebendiges Lehren und Lernen. TZI macht Schule. Stuttgart 1993, S. 214-247

Petersen, J.: Bildungstheoretische Aspekte des Organisationslernens. Auf dem Weg zur gebildeten Unternehmung. Diss. Universität der Bundeswehr Hamburg. Hamburg 1994

Rauner, F./ Heidegger, G.: Soziale Technikgestaltung als Bildungsaufgabe. In: Hessische Blätter für Volksbildung, 39 (1989), 5, S. 3-10

Ruloff, J.: Allgemeinbildung - Berufsbildung. In: Blankertz, H.u.a. (Hrsg.): Sekundarstufe II - Jugendbildung zwischen Schule und Beruf. Bd. 9.2 der Enzyklopädie Erziehungswissenschaft. Stuttgart 1983, S. 27-30

Schäffter, O.: Kollektive Adressaten der beruflichen Weiterbildung. Der Bedarf an einer erwachsenenpädagogischen Organisationstheorie. In: Hessische Blätter für Volksbildung, 42 (1992), 1, S. 33-39

Schreier, H.: Einleitung. In: Dewey, J.: Erziehung durch und für Erfahrung. Stuttgart 1986, S. 9-88

Siebert, H.: Aspekte einer reflexiven Didaktik. In: Schlutz, E. (Hrsg.): Die Hinwendung zum Teilnehmer als Signal einer "reflexiven Wende" der Erwachsenenbildung? Tagungsbericht. Nr. 6 der Universität Bremen. Bremen o.J., S. 74-89

Siebert, H.: Bildung im Schatten der Postmoderne. Von Prometheus zu Sisyphos. Frankfurt 1992

Siebert, H.: Erwachsenenbildung seit 1945. Bd.3 der "Schriften zur Beruflichen Bildung" des Bildungswerkes Niedersächsischer Volkshochschulen. Hannover 1993a

Siebert, H.: Theorien für die Bildungspraxis. Bad Heilbrunn/OBB 1993b

Vester, F.: Leitmotiv vernetztes Denken. Für einen besseren Umgang mit der Welt. 3.Auflage. München 1992

v.Glasersfeld, E.: Konstruktion der Wirklichkeit und des Begriffs der Objektivität. In: Gumin, H. /Meier, H. (Hrsg.): Einführung in den Konstruktivismus. 2. Auflage. München/ Zürich 1992, S. 9-39

Watzlawick, P.: Wirklichkeitsanpassung oder angepaßte >Wirklichkeit<? Konstruktivismus und Psychotherapie. In: v.Foerster, H. u.a. (Hrsg.): Einführung in den Konstruktivismus. München/ Zürich 1992, S. 89-108

Nachfragen zu dem Beitrag von Rolf Arnold

Frage N.N.: Gibt es bereits Erfahrungen, wie Betriebe damit umgehen?

Antwort Arnold: Ja, es gibt eine lange Tradition, zwar nicht mit diesen Vokabeln - Ingrid Lisop wird darauf eingehen.

Frage N.N.: Ist das so richtig, daß das alte Bildungskonzept an Bedeutung verloren hat und das neue an Bedeutung gewonnen und Eingang gefunden hat, wie etwa in der betrieblichen Bildung und Weiterbildung?

Antwort Arnold: Man müßte sicherlich besser von einem Wandel sprechen, aber es ist auch ein Verlust. - Es geht etwas verloren, was bislang Sicherheit verliehen hat. Wenn man die erwachsenen- und die berufspädagogische Diskussion verfolgt, hielt man an dem emphatischen Aufklärungsanspruch und an der Überlegung fest, daß überall dort, wo Qualifizierung stattfindet, etwas "Schlimmes" mit dem Subjekt passiert. Diese Vorstellung geht verloren, sie ist auch heute nicht mehr glaubhaft. Viele Berufspädagogen und Erwachsenenbildungspädagogen wurden dadurch "überrumpelt", daß sich in den Betrieben - aus der kruden Realität betrieblicher Zweckhaftigkeit - plötzlich etwas ereignet, das als Aufforderung an die Menschen kommt, daß sich nicht mehr in Verbindung bringen läßt mit den ursprünglichen Bildungsidealen.

Frage N.N.: In Ihren Ausführungen ist der Begriff "Schlüsselqualifikationen" verschwunden, was ist der Vorteil? Bei der Diskussion um diesen Begriff, sagte Mertens 1989, daß das eine Vermischung/Versöhnung von Bildung und Qualifikation sei. Was ist der Vorteil von dem Begriff "bildende Qualifizierung" oder ist dies nur eine Akzentverschiebung?

Antwort Arnold: Meine Akzentsetzung liegt auf dem didaktischen - methodischen Geschehen, der Inszenierung und auf dem Arrangement des Lernprozesses. Das ist bei Mertens in der Form nicht drin. Mertens hat ursprünglich ein arbeitsmarktpolitisches Konzept. Der Begriff "lebendiges Lernen" kommt auch aus einer Tradition - das ist ja auch nicht zu verheimlichen -, die sehr stark auf den Prozeß abstellt, auf den Prozeß des miteinander Umgehens, auf der Trias: Umgang mit sich selbst, mit der Sache, mit anderen.

INGRID LISOP

Neue Beruflichkeit -
Berechtigte und unberechtigte Hoffnungen

1. Maske Beruflichkeit - Grundsatzüberlegungen

Beruflichkeit ist die Maske, in die Qualifizierung schlüpft, um sich als Bildung darzustellen und die Bildung wählt, um Warencharakter und damit Verkäuflichkeit zu erhalten. Nichts ist daran illegitim in einer Gesellschaft, die sich über den Warenmarkt reguliert. Alles ist daran illegitim, wenn man die volle Entfaltung des menschlichen Vermögens als die neue historische Realität begreift, als neue Stufe der Vergesellschaftung, auf welche die Moderne sich seit Anbeginn hinbewegt.
Mit diesen Worten schließt mein Vortrag über "Bildung und Qualifikation diesseits von Zwischenwelten, Schismen und Schizophrenien", den ich auf dem Kongreß der DGfE 1992 gehalten habe, und zwar in der Arbeitsgruppe, die sich die Modernisierung des Bildungssystems im Spannungsfeld von Entberuflichung und neuer Beruflichkeit zum Thema gesetzt hatte (vgl. Lisop 1992). Ich will an dieser Thematik und am Bild der "Maske Beruf" anknüpfen, weil damit der Kern meines Themas wie, so denke ich, der Thematik unserer Arbeitsgruppe eingefangen ist.
Der Beruf, so meine Ausgangsthese, wird als diejenige Formgebung des menschlichen Produktivkraftvermögens angesehen, das die Ware Arbeitskraft als gebildete verkäuflich macht. Aber diese Sicht trügt, die daran geknüpften Hoffnungen sind nicht berechtigt. Dies soll im folgenden näher ausgeführt werden.
Zunächst sei allerdings kurz mein Grundtheorem von Freisetzung und Vergesellschaftung sowie der klassische Berufsbegriff skizziert, denn damit müssen die neueren Entwicklungen verglichen werden. Sodann werde ich den theoretischen Horizont der Thematik und schließlich

- im wesentlichen aufgrund von Erfahrungen aus der innerbetrieblichen Weiterbildung sowie des sogenannnten trainings on the job - praktische Beispiele zum Thema beisteuern sowie ein Fazit versuchen, das pädagogische Perspektiven freilegt.

Das Theorem von Freisetzung und Vergesellschaftung (vgl. Negt/Kluge 1976) beschreibt den historischen Bewegungsprozeß von Gesellschaften als Ganzes wie in einzelnen Teilen als einen der Formgebung und Formauflösung von Institutionen, Organisationen, Wissens-, Rechts- und Wertesystemen, Denkmustern, Lebensstilen und Gebräuchen. Die Freisetzung gibt die historisch gewachsene Einheit von Sinn, Inhalt und Form gesellschaftlicher Instanzen und Institutionen frei und ermöglicht eine neue gesellschaftliche Formgebung der freigesetzten Teilelemente als neue Bündelung und Verknotung. In dieser - jeweils neuen - Vergesellschaftung fügen sich überkommene, veränderte und völlig neue Elemente zusammen, und zwar von gesellschaftlichen Bewußtseinsformen, Verkehrsformen und Produktionsformen, von Lebensbedürfnissen und Lebenskräften. Die Wieder -Vergesellschaftung bzw. das, was Negt/Kluge die neue Stufe der Vergesellschaftung nennen, ist aus erziehungswissenschaftlicher bzw. pädagogischer Sicht ein zentraler Aspekt. Nur über ihn nämlich bekommen wir die Möglichkeiten von Gestaltung zu fassen, entkommen wir dem Fatalismus. Wenn z.B. Ulrich Beck in"Risikogesellschaft - auf dem Weg in eine andere Moderne" (vgl. Beck 1986) die Freisetzung der Menschen aus Stand, Klasse und Schicht, aus Denkkategorien und Orientierungsmustern beschreibt und als Ergebnis Individualisierung, Selbstverantwortung, Selbstverunsicherung und permanente Neuorientierung konstatiert, dann ist dies nur die eine Seite des Prozesses, sozusagen ein Übergangsstadium, das Möglichkeiten oder Trends neuer Vergesellschaftung noch nicht in den Blick nimmt. Vergesellschaftung findet, folgt man Beck, nämlich nicht mehr statt oder nur mehr als Zerfall, was heißt als Atomisierung. Ich möchte dem gegenüber versuchen, die Perspektive einer als Implikationsprozeß, also auch als Re-Institutionalisierung und Neu-Zusammenfügung verlaufenden Vergesellschaftung vor Augen zu rücken, und zwar bezogen auf die Elemente Bildung und Qualifikation.

Bei epochalen Veränderungen handelt es sich ferner - und dies ist der zweite Aspekt, auf den ich mit dem Theorem von Freisetzung und Vergesellschaftung besonders hinweisen möchte - immer um die Veränderung des Verhältnisses von Arbeit und Kapital zueinander. Das heißt, es ändern sich notwendig auch die Organisationsformen der gesellschaftlichen Arbeitsteilung und die Nutzung der Produktivkraftpotentiale Arbeit und Kapital sowie, ökologisch gedacht, der natürlichen Ressourcen. In diesem Korrelierungs- bzw. Optimierungsprozeß geht es um die Aspekte Kosten, return on investment, cash flow und Flexibilität als erweiterte Kapitallogik. Welche Rolle darin nicht nur einzelwirtschaftlich, sondern volks- und weltwirtschaftlich das Humanvermögen als einzig wirkliches Produktivkraftpotential auf dieser Erde haben wird, das ist meines Erachtens der tiefere Sinn des Fragens nach der neuen Beruflichkeit. Dieser Tiefensinn reicht über die an sich schon ausreichend dramatische Frage nach der gerechten Verteilung von Arbeit und nach Arbeit als Menschenrecht hinaus. Anders ausgedrückt: Unser Thema zielt auf Dimensionen, die mit dem Begriff bzw. der Vorstellung "Beruflichkeit" wie mit einer Maske verdeckt werden. Es geht bei unserem Thema folglich um mehr als um das bloße Verschwinden von Berufen und das Entstehen neuer, es geht auch um mehr als das Verändern der Zuschnitte von Berufen oder um die viel diskutierte Verlagerung von der Bedeutung der Fachkompetenz zur Sozialkompetenz.

Was ist nun unter Beruf im klassischen Sinne zu verstehen?

Beruf können wir verstehen als tendenzell komplexes, d.h. ganzheitliches, umrissenes aber verzweigtes System von Tätigkeiten, die gesellschaftlichen Aufgabencharakter haben und zu deren Bewältigung besondere Fähigkeiten, Fertigkeiten und Kenntnisse erworben und öffentlich ausgewiesen werden müssen. Die Ausübung erfolgt als Beitrag zum Sozialprodukt im Rahmen der gesellschaftlichen Arbeitsteilung und zur Sicherung des privaten Lebensunterhaltes. Mit dem Beruf wird zugleich gesellschaftlicher Status sowie Erfüllung von Lebenssinn verbunden; letzteres allerdings nicht im ausschließlichen Sinne.

Mit dieser Definition (vgl. Lisop/Huisinga 1982, S.416) sind die folgenden Determinanten eingefangen, die es hinsichtlich Freisetzung und Vergesellschaftung zu betrachten gilt:

- die volkswirtschaftliche und privatwirtschaftliche Relevanz
- die zum System gefügte Kombination von Wissen und Können
- die Notwendigkeit und Kontrolliertheit von Ausbildung
- die gesellschaftliche Verortung und die Erfüllung von Lebenssinn.

Diese Definition, so denke ich, deckt die Hauptaspekte unseres gängigen Berufsverständnisses ab. Doch Vorsicht! Wir dürfen nämlich nicht übersehen, daß der Berufsbegriff wie das realgesellschaftliche Phänomen Beruf (wenn wir es denn zu fassen bekommen), durch eine spezifische Gegensätzlichkeit charakterisiert ist, nämlich die Paarung von Abstraktem (Beruf als gesellschaftliches Tätigkeitssystem) und Konkretem (faktische Ausübung von Tätigkeiten als Produkt von Persönlichkeit, Ausbildung, Erfahrung, Betriebsstruktur, Wirtschaftsstruktur, Gesellschaftsstruktur, Technik und Ökonomie).

Die Wirklichkeit des Berufs sei eine Wirklichkeit sui generis, meint Harney (vgl. Harney 1990, S.100), die sich aus der Realität der betrieblichen Arbeit einerseits und der Realität des Kompetenzerwerbs als eines eher simulativen Vorgangs ergebe. Dem ist zuzustimmen, doch würde ich das Urteil über die Spezifik dessen, was wir Beruf nennen, schärfer zuspitzen auf den Terminus "Konstrukt". Lipsmeier (1990 und 1992) zeigt das sehr anschaulich an der Entstehungsgeschichte von Berufen und ihrer Anerkennung im Hinblick auf geordnete Ausbildungsgänge, Tariffähigkeit und Beitrittsberechtigung zur privaten Krankenversicherung. Nicht zuletzt lehrt das bundesdeutsche Berufsbildungsgesetz, daß "Beruf" ein gesellschaftspolitisches Konstrukt ist, das als Ordnungsregulativ fungiert, um "fundamentale Gemeinsamkeiten aller an der beruflichen Bildung Beteiligten" (Heimann 1994, S.27) zu sichern.

Nimmt man hinzu, daß die Ausbildungsberufe nicht zugleich als Erwachsenenberufe in der Statistik der ca. Erwachsenenberufe enthalten sind, dann leuchtet ein, daß Beck/Brater z.B. nicht im

Beruf selbst, sondern nur in sozialen Atttributen und Wirkungen wie identitätsprägendem Charakter, Chancen der Bedürfnisbefriedigung, betrieblich-hierarchische Positionierung und gesellschaftliche Positionierung Relevanz für die Berufsausübenden sehen (vgl. Beck/ Brater 1977).

Der Beruf im klassischen Sinne, so ließe sich also unsere definitorische Vergewisserung zusammenfassen, ist ein gesellschaftliches Konstrukt. Es fungiert als Regulativ gesellschaftlicher Interessen, Partizipation und Positionierung, und es wird - folgt man den Berufsbildungstheorien - für ein Medium der Subjektbildung gehalten. Auch die an die sogenannte neue Beruflichkeit geknüpften Hoffnungen setzen außer auf Arbeitsmarktchancen auf Bildung; zumindest auf Teilelemente davon, wie Entfaltung der Persönlichkeit, Identität, Lebenssinn. Elemente, die wir ja zu Anfang als Aspekte des klassischen Berufsbegriffs in Erinnerung gerufen haben.
Von da her wird einsichtig, daß es sich bei der Auffassung, Beruf könne Bildung realisieren, um eine idealistische Fortschreibung ständischer Verhältnisse handelt.
Die beruflich organisierte und berufsethisch überhöhte gesellschaftliche Arbeit der ständischen Gesellschaft ermöglichte ja Identitätsbildung als zugleich individuelle und kollektive, als eine in Freiheit und Gebundenheit, als orientierende und verortende, nützlich tätige wie religiös überhöhte.
In ihr realisierten sich Sozial-, Selbst- und Fachkompetenz, und sie war Medium gesellschaftlicher Verortung und Medium von Bildung in einem. Jenseits ständischer und jenseits totalitärer Verhältnisse ist diese Einheit zerbrochen. Gerade dadurch wurde Subjektbildung das Thema der Moderne, wurde Bildung vor etwa 15 Jahren unter dem Druck der ökonomischen Rationalisierung und dem Schwinden von Beruflichkeit wieder Thema.
Nun ist Bildung unter den Bedingungen von Demokratie stets Ausdruck und Erfordernis demokratischer Partizipation, zielt sie als Bildung der Allgemeinheit stets auf das kollektive Subjekt der Geschichte wie auf die Subjektbildung der Einzelnen. Immer beinhaltet der Anspruch der Subjektbildung die Befähigung zur innovativen Reproduktion der Gesellschaft durch Arbeit wie die tendenzielle

Aufhebung der Entfremdung. Denn Entfremdung behindert die Herausbildung der Subjekthaftigkeit wie die demokratische Partizipation.

Insofern nun der Beruf als vorindustrielle Kategorie jenseits des Bewußtseins von Entfremdung angesiedelt ist und nicht die Idee der gesellschaftlichen Totalität, dagegen die der Partikularität transportiert, ist er obsolet geworden. Bildungstheoretisch betrachtet kippt er - durch die Partikularität der demokratischen Gesamtöffentlichkeit und dem der Arbeit an und im gesellschaftlichen Ganzen enthoben - in die Privatheit und damit in die Halbbildung. Aus dieser Perspektive besehen, wird meines Erachtens auch einleuchtend, daß nicht die Qualifizierung oder die Qualifikation in Opposition zur Bildung stehen, sondern die überkommene Berufsidee. Während nämlich Qualifikation eine Kategorie ist, die zur konkret menschlichen Arbeit wie zur Gesellschaftlichkeit des Humanvermögens vermittelt und damit der Substanz des Bildungsbegriffs verwandt ist, handelt es sich beim Beruf lediglich um eine gesellschaftliche Kategorie, die für Bildung zu kurz greift.

2. Die gegenwärtigen Erscheinungsformen freigesetzter Beruflichkeit

Wo nun liegen die Freisetzungen, wo die Trends oder auch nur Signale einer neuen Vergesellschaftung der freigesetzten Beruflichkeit und welche Hoffnungen und Ängste verbinden sich damit?

Ich benenne im folgenden sieben Phänomenbereiche, die m. E. prototypisch für das Spektrum der Veränderungen sind.

1. Im Kontext der europäischen Integration beobachten wir vor allem einen Trend zur Professionalisierung im Sinne der Akademisierung insbesondere auf Fachhochschulniveau. Man denke als Beispiel an die Diskussion um die Akademisierung der Krankenpflege.

2. Akademisierungstendenzen haben wir unabhängig von der europäischen Entwicklung seit längerem zu beobachten, insofern aka-

demisch Ausgebildete Sachbearbeiter-Positionen einnehmen. Dies nun nicht deshalb, weil es einen Überhang an Sachbearbeiter-Positionen gäbe, sondern weil sich ganz offensichtlich viele Betriebe von derart ausgebildeten Mitarbeitern mehr Effizienz versprechen.

3. Insofern die Hochschulausbildung aber nicht praxisnah genug ist, entstehen einerseits ähnlich dem staatlichen Referendariat betriebsinterne Trainee-Phasen, entwickeln andererseits Betriebe bzw. Verbände spezielle praxisnahe Ausbildungen für Abiturienten (z.B. EDV-Organisator oder Handelsfachwirt).

4. Auf der Ebene der Ausbildung im dualen System lassen sich zwei entgegengesetzte Bewegungen beobachten: Im Zuge der sogenannten Neuordnungen von Ausbildungsberufen reichern sich diese theoretisch und inhaltlich so sehr an, daß nur noch Aspiranten mit mindestens mittlerem Schulabschluß den Anforderungen gewachsen sind. Andererseits beginnt die schon seit längerem durch das internationale Arbeitsamt vorangetriebene Modularisierung Platz zu greifen. Im Extrem erlaubt sie den Erwerb kleiner, abgegrenzter qualifikatorischer Einheiten ohne jegliche Vorbildung.

5. Durch die I-. und K.-Techniken hat der Prozeß der Integration und Desintegration von Arbeitsinhalten und Kompetenzen eine neue Dynamik erhalten. Wir stehen ebenso vor Komplexitätssteigerungen wie vor neuen Separationen, Desintegrationen und Kombinationen. Der Versicherungsbereich ist hierfür ein Paradebeispiel, insofern er z.B. für die Gruppenleiter ein deutliches Job-Enlargement und Enrichment aufweist, während für die Sachbearbeiter trotz formal gestiegener Qualifikationsanforderungen eine erhebliche Routinisierung der Fallbearbeitung entstanden ist (vgl. Huisinga 1990, S. 120ff). Ähnliches gilt für den Bankensektor, wo Marktkenntnisse und differenzierte Branchenkenntnisse erforderlich geworden sind. Der Terminus und Sachverhalt "Allfinanz" veranschaulicht sehr gut, worum es geht (vgl. Baethge/Oberbeck 1986). Im Bereich der Industrie (Produktion) haben wir seit langem Arbeitszerlegungen gehabt, welche so differenziert waren, daß im Vergleich dazu das inhaltliche Volumen der Facharbeiterausbildung mehr als fragwürdig wurde und

die Frage aufwarf, ob ein Mehr an sogenannter allgemeiner Bildung angesichts des Mangels an Facharbeiterplätzen einerseits und angesichts des Zwangs zum permanenten Um- und Weiterlernen nicht eine individuell wie gesellschaftlich solidere Basis abgäbe.

6. Der Ruf nach Schlüsselqualifikationen suggeriert, daß überhaupt nur mehr Sozialkompetenz gebraucht würde, und dort, wo die Facharbeiterfrage direkt angesprochen wird, ist man mit einem Upgrading sondergleichen konfrontiert, insofern es so scheint, als ob die computerintegrierte Fertigung alle Facharbeiter zu Steuerungsexperten mache (vgl. Heimann 1990, Hoppe/Pahl 1994).

7. Rund drei Milliarden DM Jahres-Umsatz auf dem Markt der Unternehmensberatung und etwa 20.000 freiberufliche Trainer lassen an der beruflichen Qualifikation bzw. Kompetenz, über welche die Betriebe intern verfügen, Zweifel aufkommen.
Zusammenfassend läßt sich konstatieren:

Im Zwischenfeld von Bildungssystem, Ausbildung und Arbeitspraxis stoßen wir heute statt auf die Berufsfrage auf die alte Frage der quantitativen und qualitativen Passung von Theorie und Praxis, auf die Frage eines ebenso gerechten wie flexiblen Berechtigungswesens (vgl. Ziertmann bereits 1922) und die Frage, ob Karriereplanungen überhaupt noch und wenn, dann über berufliche Laufbahnen möglich sind. Die angewachsene Bedeutung der Assessment-Center z.B. scheint mir hierfür ein interessantes Indiz zu sein. Ihre Wertschätzung läßt sich nämlich nicht einfach damit erklären, daß die Entscheidungsverantwortung "abgeschoben" werden soll oder daß so etwas wie eine perfekte Passung zwischen Stelle und Stelleninhaber hergestellt werden soll. Was die Realität der Unternehmensprozesse statt dessen abfordert, das ist, ein Bündel von Faktoren zu optimieren, worin der erlernte Beruf keinen zentralen Stellenwert mehr hat und worin die Erfahrung nicht an sich Wert besitzt, sondern nur als subjektiv verarbeitete. Was gesucht wird, das ist die "Arbeitspersönlichkeit", deren allgemeine und berufliche Qualifizierung sowie deren Erfahrung eine spezifische "Konkreszenz" hervorgebracht haben, ein Zusammenwachsen zu einer besonderen Gestalt von Kompetenz, aus der sich in Problemlösesituationen effiziente und persönlich befriedigende Transferleistungen ergeben. Die Doppelfunktion der nachgefragten Konkreszenz liegt darin, daß die "Arbeitspersönlichkeit" durch sie fähig ist, sich selbst und ihren Aufgabenbereich samt Umfeld notwendigen Veränderungen ohne Identitätskrise zu unterziehen. Anders ausgedrückt: Auf dem überbetrieblichen und innerbetrieblichen Arbeitsmarkt sind nicht oder zumindest nicht primär Berufe gefragt, sondern Gebildete. Damit sind Menschen gemeint, die fachspezifische, soziale und personale Kenntnisse, Fähigkeiten und Fertigkeiten so erworben, erprobt und reflektiert haben, daß ihnen das je Allgemeine wie das Besondere ihrer Kenntnisse, Fertigkeiten und Fähigkeiten bewußt und gezielt zur Verfügung steht und daß sie in der Lage sind, durch Transformation des einen in das andere Problemlösungen zu bewältigen und hierzu evtl. auch gezielt neues Wissen zu adaptieren. So verstandene Bildung, d.h. sowohl die Entfaltung unserer Gattungspotentiale, unserer Gesellschaftlichkeit wie unserer Individualität, deren Realisierung in Selbst-, Sozial- und Fachkompetenz als auch das bewußte, was heißt reflektierte Verfügen darüber zum Zwecke des Handelns und Gestaltens - wird als Meßlatte übrigens nicht nur auf den oberen Hierarchieebenen angelegt. Rotationen, Verleihsysteme und teilautonome Fertigungsgruppen verlangen in dem skizzierten Sinne Bildung als Dreifachkompetenz im Fachlichen, Sozialen und Personalen auch auf der untersten Ebene der Produktion.

Mit der technisch-ökonomischen Entwicklung auf wissenschaftlicher Grundlage verändern sich mit Anlagen, Prozessen und Arbeitsorganisation auch die Funktionen der Arbeitenden und, was besonders wichtig ist und die Bedeutung der Einheit von Bildung und Qualifikation signalisiert, es wechseln die Komplexitäten, in welche diese Funktionen eingebettet sind. Die nur im steten Wechsel von Analyse und Synthese zu erfassende Ganzheitlichkeit als permanent Dynamische ist etwas, das über den Berufsbegriff als objektbezogenen und noch dazu, wie wir gesehen haben, abstrakten Begriff nicht mehr zu fassen ist. Bernard (1992) zeigt am Beispiel der Technikdidaktik, wie in einer modernen, praxisgerechten Ausbildung der Berufsbezug durch Wissenschaftsbezug einerseits und Tätigkeitsbezug andererseits ersetzt wird.

Von der Seite der Subjekte her zeigt sich bei meiner betriebsinternen Arbeit übrigens immer wieder, daß statt in Berufen in ganz anderen Kategorien gedacht wird. Neben dem existentiellen Grundbedürfnis - und meines Erachtens auch Anrecht - auf einen existenzsichernden, menschenwürdigen Arbeitsplatz sind es die Wünsche nach Übersichtlichkeit, Durchschaubarkeit und klarer Orientierungsmöglichkeit, nach Leistungsmöglichkeiten ohne Streß und nach verläßlicher Kollegialität ohne Hinterhalt, die an erster Stelle rangieren. Werte oder Bedürfnisse also, die sich auch ohne Beruflichkeit realisieren lassen, die wir aber gewohnt sind, ausschließlich oder vornehmlich der Beruflichkeit zuzuschreiben.

Auch hier zeigt sich, daß die Frage nach der Beruflichkeit auf etwas viel Grundlegenderes als den Beruf selbst gerichtet ist. Es ist die Kombination von Bildung und Qualifikation unter der Idee der Subjekthaftigkeit, was heißt der Partizipation an einer solidarischen Gestaltung der Gesellschaft durch Arbeit und produzierte Produktionsmittel sowie nach Festigung der Identität und des Überblicks im Prozeß des permanenten Wandels.

Der Einheit von Bildung und Qualifikation ohne die Denkfalle der Beruflichkeit soll im folgenden näher nachgegangen werden.

3. Zur möglichen Einheit von Bildung und Qualifikation jenseits von Beruflichkeit

Ich wähle zum Einstieg in die folgenden Überlegungen ein Beispiel, das Sie wahrscheinlich überraschen wird. Es entstammt der Thematik der (Produkt)haftung.
Zweifelsohne verband sich und verbindet sich mit der Verberuflichung auch das gesamtgesellschaftliche Interesse an Kompetenzsicherung der Berufsausübenden zum Zwecke des Schutzes von Leib und Leben, von körperlicher und geistiger Gesundheit, von Unversehrtheit der dinglichen Welt und der Natur seitens derer, für welche die Berufsausübenden arbeitsteilig tätig werden. Aus diesem Bedürfnis resultieren ja die Ausbildungsregelungen und die öffentlich

kontrollierten Abschlüsse. Wird dieses Schutzbedürfnis - wir sprechen im Kontext der öffentlichen Verantwortung von Qualitätssicherung - über die Haftung gelöst, dann verschiebt sich die Grundlage der Gewährleistung von der Beruflichkeit in die konkrete Arbeit und nimmt dort viel breitere Dimensionen an, weil z.B. Fragen der Anlagensicherung, der Organisation von Kontrolle u. a. m. hinzutreten. Das, worum es geht, ist dann insgesamt zwar mit dem Begriff professionell, nicht aber mit "beruflich" zu fassen.

Ich habe den Aspekt der Haftung deshalb gewählt, weil von dieser gesellschaftspraktischen Seite her das Thema der Vereinbarkeit oder Unvereinbarkeit von Bildung und Qualifikation in einer Perspektive aufleuchtet, die zu Unrecht negativ bewertet ist. Ich schildere dazu einen Fall aus der Praxis.

Vor dem Serienanlauf eines neuen Produktes wird dieses einem besonders differenzierten und strengen Wasser- bzw. Feuchtigkeitstest unterzogen, um eventuelle undichte Stellen oder Problemzonen zu finden. Dabei zeigt sich in dem Fall, den ich schildere, ein gehäuftes Auftreten von losen Elementen. Die Teststelle geht davon aus, daß in der Montage Elemente zu Bruch gingen oder daß Passungsprobleme auftraten, kurz, daß Elemente ausgewechselt werden mußten und daß dies nicht ordnungsgemäß erfolgte. Die Montage verweist auf Fehler im vorgelagerten Bereich, d.h. in der Lackiererei. Diese erhält das Problem kommuniziert, und zwar von der Teststelle, bei der das Phänomen lose Elemente akut wurde. Da man in der Lackiererei überrascht ist, geht man vor Ort in die Teststelle. Dort zeigt sich, daß bei einem bestimmten Farbtyp sich ganze Lackstreifen lösen und ein besonders großes Element lockern, wenn dieses Druck erfährt. Ein dramatischer, hochgefährlicher Mangel, wenn man an die Folgewirkungen eines entsprechenden Unfalls denkt, bei dem ein herausfliegendes Element schweren Schaden anrichten kann.

Die verantwortlichen Meister, die eine neue Spezifikation, d.h. eine Pflichtauflage im Prozeß des Lackierens übersehen hatten, nahmen die Angelegenheit erstaunlich kühl zur Kenntnis. Zwar wurde sofort die Ursache für den Mangel beseitigt, aber emotionale Regungen waren nicht festzustellen. Mit Fehlern müsse man leben. Wichtig seien hervorragende Sicherungssysteme, und die hätten ja funktioniert. Eine professionelle Reaktion?

Wir sind, wie Sie bemerkt haben werden, auf das Gebiet von Einstellungsmustern, Haltungen, Mentalitäten, Arbeitstugenden und Motivation geraten und damit auf ein Feld, auf dem sich Bildung und Qualifikation gleichsam natürlich verschränken, nämlich über Emotionalität, Bewußtseinshorizonte und Ethik. Haftung ist ja einerseits ein juristisches und ein ökonomisches Problem. Andererseits eines, das auf ethischen Entscheidungen im Rahmen gesamtgesellschaftlicher Belange basiert. Sind diese im Bewußtseinshorizont, präsentieren sich Arbeitstugenden wie Umsichtigkeit, Genauigkeit, Verantwortungsbewußtsein, die in unserem Beispiel ja eine Rolle spielen, anders, als wenn nur das partikulare Unternehmensinteresse an wenig Ausschuß und an Vermeidung von Haftung, sowie die eigene Ungeschorenheit oder die institutionalisierten Sicherungswege im Hinterkopf sind.
Kompetenz als Ausdruck von Bildung, speziell Sozialkompetenz als die Fähigkeit, im kommunikativen und interaktiven Kontext Verantwortung für soziale Belange zu übernehmen, läßt sich ohne das Element des Bewußtseins unserer Gesellschaftlichkeit als Gattungsspezifik wie als Gestaltungsaufgabe, so scheint es, nicht übernehmen. Verantwortung - die ja etwas anderes ist als lückenloser Gehorsam - läßt sich demnach wohl nur über Bildung realisieren. Bildung als Bewußtsein wie als Handlungsfähigkeit und Handlungsbereitschaft weist somit immer über die begrenzte Situation hinaus.
Aus dem Zusammenhang der auf die Gesellschaftlichkeit unserer Existenz verweisenden Subjektbildung betrachtet, erscheint so die Opposition von Bildung und Qualifikation künstlich, d.h. definitorisch hergestellt. Nichts spricht nämlich zwingend dafür, daß der Begriff der Qualifikation auf eng situative, technizistische oder andere Belange von sogenannten Sachzwängen zu beschränken wäre. Lebensbewältigung mittels Qualifizierung war und ist stets mehr als operatives Ausführen. Wer dies nicht so sehen kann, spaltet m. E. unsere Existenz in eine Seite weniger wertvollere, weil notwendigere Potentiale und Aktivitäten und eine, in der sich - so die suggestive

Wirkung - wahre Menschlichkeit (erst) jenseits der existenz-sichernden und menschliche Existenz gestaltenden Arbeit realisiere. Mit Heydorn läßt sich diese Auffassung als Ausdruck der Einheit von Bildung und Herrschaft charakterisieren (vgl. Heydorn 1970, Lisop 1968). Anders ausgedrückt: Bildung, in ihrem Ursprung Qualifikation der Herrschenden, transportiert das Bewußtseinselement der Autonomie und Freiheit. Wenn man nun unter demokratischen Verhältnissen dieses Moment von Autonomie und Freiheit der Qualifikation abspricht, dann wird eine Trennung nach Freiheit und Herrschaft einerseits, Arbeit und Unfreiheit andererseits hergestellt, die Arbeit a priori zur entfremdeten macht. Bildung und Qualifikation bilden im Prozeß ihrer Aneignung durch Lernen und Erfahrung sowie im Prozeß ihrer Entäußerung durch Arbeiten und Reflektieren realiter jedoch stets eine Einheit, wie rudimentär auch immer. Dieser Einheit zur vollen Entfaltung zu verhelfen, das ist die Aufgabe einer am Ethos der Subjektbildung orientierten Pädagogik und ihrer entsprechenden didaktischen Professionalität (vgl. Lisop/Huisinga 1994). Nicht die Qualifikation ist minderwertig. Beschränkt ist vielmehr eine Pädagogik, die Fachidiotentum hervorbringt.

Ich möchte den Zusammenhang von Bildung und Herrschaft noch einmal im Kontext des Zusammenhangs von Bildung und Ethik aufgreifen.
Im Zuge der emanzipatorischen Erziehungswissenschaft und ihrer Intention kritischer Aufklärung ist das Nachdenken über Ethik, Arbeitsmoral, Tugenden und extrafunktionale Qualifikationen in den Verdacht konservativer Intentionen geraten. Bei allem, was an solchem Verdacht berechtigt gewesen sein mag und noch berechtigt ist, wurde aber etwas Wesentliches übersehen. Und das ist der in den Tugenden immer auch enthaltene Aspekt der Solidarität und Verantwortung, ohne die z.B. Autonomie und Freiheit sich nur als Anarchie verwirklichen ließen. Da nun Subjektbildung per definitionem auf Autonomie und Gestaltung in der Gesellschaftlichkeit zielt, kann sie auf Ethik und Tugenden nicht verzichten. Sie kippt sonst in die bloße Individualität bzw. in die bloße Subjektivitität und den damit verknüpften Hedonismus. Anders ausgedrückt, sie fällt zurück in Bewußtseinsformen des Frühkapitalismus und des frühkapitalistischen

Liberalismus. Das heißt, sie wird reaktionär, insofern diese Art der Re-Aktion den Anschluß an die aktuellen Möglichkeiten neuer Vergesellschaftung verspielt.

Seit ich in der innerbetrieblichen Weiterbildung und Beratung aktiv bin (und das ist nicht erst seit gestern), habe ich im übrigen kein einziges Training erlebt, in dem die hier skizzierte Einheit von Bildung und Qualifikation nicht thematisiert worden wäre, und zwar als Sinnproblematik durch Frage-Impulse der Teilnehmer aufgeworfen. Infolgedessen halte ich es für einen Ausdruck von Unwissenheit, ideologischer Verblendung oder didaktischer Inkompetenz, wenn behauptet wird, im innerbetrieblichen Rahmen sei für solche Fragen und für Bildung kein Raum.

4. Entberuflichung der Facharbeit

Bevor ich abschließende Thesen formuliere, möchte ich noch einen Praxiskomplex ansprechen, der im Rahmen unserer Thematik besonders akut und anschaulich ist. Ich meine die Integration von Instandhaltung und Produktion in der Industrie.

Wie Sie wissen, ist die eigentliche Domäne der Facharbeit nicht die Produktion, sondern die Instandhaltung. Wenn in der Produktion von Facharbeitern gesprochen wird, dann handelt es sich nicht um "gelernte" Facharbeiter, sondern um Spezialisten, oft aufgrund von Geschick und Erfahrung, die Arbeiten erledigen, die nicht voll durchroutinisiert sind und außer Geschick Sorgfalt und Entscheidungsfähigkeit verlangen. Solche Spezialisten brauchen bei weitem nicht über eine einschlägige Berufsausbildung zu verfügen. Der überwiegende Teil der unmittelbar in der Produktion Tätigen ist (kurzfristig) angelernt. Anders in der Instandhaltung, die für die Wartung und Reparatur der Anlagen zuständig ist. Hier finden wir diejenigen, die von ihrer Ausbildung her, z.B. im Metall- oder Elektrobereich, das berufliche Gütesiegel "ausgebildeter und geprüfter Industriefacharbeiter" tragen.

Im Zuge der Erfordernisse der lean production stellt sich die Frage nach der Nutzungsintensität und -schnelligkeit der Instandhalter. Zweifelsohne ist ein gewisser Stamm, der sich kontinuierlich umfangreicheren und regelmäßigen Wartungen zu widmen oder bei größeren Störungen einzugreifen hat, unverzichtbar. Die kleinen Alltagsstörungen, die kleinen Alltagswartungen und anlagenbezogenen Kontrollen können aber schneller und kostengünstiger unmittelbar vom Band und von der Produktion aus erledigt werden. Das führte zu Überlegungen, einen Teil der Instandhalter in die Produktion zu integrieren, und das heißt, sie auch mit Produktionstätigkeiten zu betrauen. Daß es sich hier um eine gravierende Veränderung der "Beruflichkeit" handelt, scheint unmittelbar einzuleuchten. Dennoch ist es so einfach nicht. Was nämlich macht die "Beruflichkeit" im vorliegenden Fall konkret aus?
Da wäre zunächst die Ausbildung. Sie wird nicht irrelevant, ihre Bedeutung reduziert sich aber durch die Reduktion des Arbeitsfeldes. Die umfangsbezogene Passung von Ausbildung und Berufspraxis ist aber, wie bereits erwähnt, ein altes Problem, das sich immer nur über den lebenslangen Prozeß der Transformation von Wissen in Erfahrung und von Neuerwerb von Wissen löst. Weshalb übrigens auch die Diffamierung des lebenslangen Lernens durch das verdrehende Sprachspiel "lebenslängliches Lernen" Ausdruck einer subtilen, sich objektiv realisierenden Klassenkampf-Ideologie ist; auch wenn diejenigen, die sich so äußern, subjektiv das Gegenteil intendieren, so demotivieren sie doch bezüglich Weiterbildung und Bildung überhaupt; denn ohne Lernen bleibt Bildung nun einmal auf der Strecke. Für die sogenannten höheren Schichten galt - abgesehen vom Beamtentum - schon immer die Notwendigkeit der Fort- und Weiterbildung und deren Nachweis auch als Faktor der Einkommenssteigerung. Warum soll nun auf einmal Weiterbildung die pure Fron sein? - Aber zurück zu den Instandhaltern. Das Passungsproblem zwischen der durch Ausbildung erworbenen "Beruflichkeit" und dem Arbeitsalltag stellt sich für sie nicht als Fragwürdigkeit von Qualifikationen. Wohl aber spielen Fragen der räumlichen und operativen Abwechslung eine Rolle, Fragen der Autonomie und der Spielräume in zeitlicher Hinsicht, Fragen des innerbetrieblichen und

gesellschaftlichen Ansehens und schließlich der Entlohnung. Diese Fragen nun, und darauf will ich hinaus, würden sich alle auch stellen, wenn die betreffende Gruppe nicht über den Erwerb eines einschlägigen Ausbildungsberufs sozialisiert worden wäre.

Zerrint uns also die Beruflichkeit, sobald wir sie nicht lediglich als definierten Begriff, als spezifisches Konstrukt, sondern als konkrete Arbeit fassen? Ich meine, ja. Und das bestätigt mich in der Auffassung, daß der bildungstheoretisch und bildungspraktisch einzig relevante Gegensatz der Moderne nicht der von Bildung und Qualifikation ist, sondern der von Beruf und Qualifikation bzw. von Beruf und Bildung.

5. Ausblick

Ich will mit einigen zusammenfassenden Thesen die anfangs skizzierten definitorischen Momente mit denen der gesellschaftspraktischen Veränderung korrelieren.

1. Die Umrissenheit des Systems von Tätigkeiten, welches für den überkommenen Berufsbegriff konstitutiv ist, scheint nur für einen Teil tradierter akademischer Berufe (z. B. den des Arztes) und für den Teilbereich der durch Ordnungsmittel geregelten Ausbildungsberufe weiterhin gegeben zu sein, und hier auch nur bezogen auf die Ausbildung. Alles andere läßt sich nur als latentes System begreifen, das permanenter Veränderung unterworfen ist. Statt fester Umrissenheit wird Dynamik konstitutiv.

2. Der öffentliche Ausweis des Qualifikationserwerbs ist nur noch bedingt von Relevanz, wie betriebsinterne Ausbildungsgänge und Auswahlverfahren belegen.

3. Gesellschaftlicher Status wird heute primär über Geld und Konsumkraft, betriebsintern hierarchische Positionierung samt Statussymbolen (z.B. Dienstwagen) sowie über Einbindungen in Zusammenhänge öffentlicher Arbeit (z.B. Kommunalpolitik oder Kirchen-

vorstand) und privater Reproduktionsarbeit (z.B. alleinerziehender Elternteil) erworben.

4. Lebenssinn verwirklicht sich über drei Sphären von Arbeit, nämlich Erwerbsarbeit, öffentliche Arbeit und private Reproduktionsarbeit. Muße und Freizeit sind darin enthalten. Bei dieser trinären Sicht von Arbeit muß man sich allerdings vor Augen halten, daß es sich insofern um eine konkrete Utopie handelt, als die Sinnfrage trotz aller realen Freisetzungserscheinungen immer noch weithin mit der Frage nach dem gesellschaftlichen Status verschränkt ist, der sich an den Erwerbsberuf knüpft.

Mein Fazit lautet:

Beruf läßt sich realistisch nur noch definieren als ein qualifikatorisches, sozial- und arbeitsmarktpolitisches Konstrukt, das zwecks Positionierung im Feld der Berechtigungen der Einschleusung der Ware Arbeitskraft in dieses Feld oder auf spezifische Ebenen des Feldes dient.

Beruflichkeit läßt sich m. E. realitätsnah, bildungstheoretisch sinnvoll und pädagogisch praktikabel bestenfalls noch begreifen als Eindeutschung des Wortes Professionalität, womit auf fachmännisches, besser kompetentes Arbeitshandeln sowohl im Erwerbsbereich als auch in öffentlicher Arbeit und privater Reproduktion verwiesen wäre und Bildung und Qualifikation als Einheit impliziert wären. Für sinnvoll halte ich eine solche Umdeutung des historisch und bildungstheoretisch befrachteten und belasteten Begriffes nicht. Zumal uns mit dem Begriff "Subjektbildung" sowie wie mit allgemeiner und spezieller Bildung Termini zur Verfügung stehen, die bei emanzipatorischer Intention dem Erkenntnisproblem ebenso wie dem Handlungsziel entsprechen.

Auf Beruflichkeit als Kategorie von Bildungstheorie und praktischer Erwachsenenbildung zu verzichten, empfiehlt sich auch deshalb, weil die o.a. Neudeutung sich als sinnvolle nicht auf den Beruf als Konstrukt beziehen kann, sondern nur auf die konkrete Arbeit, womit wiederum die Subjektorientierung ins Zentrum rückt. Das hierin enthaltene Ethos - nämlich die Erde als das Zuhause der Menschen und nicht der Sachzwänge zu gestalten - scheint mir im übrigen der Kern der Hoffnung und die einzige berechtigte Erwartung zu sein, um die es bei unserer Thematik geht. Die Berechtigung zu dieser Hoffnung finden wir paradoxerweise in der Rationalisierung. Denn diese muß ihre zunächst kapitalbezogenen Grenzen überschreiten, dem Humanvermögen seinen Tribut zollen und damit dem Prozeß der Vergesellschaftung neue Radien zubilligen.

Literatur

Baethge, Martin / Oberbeck, Horst: Zukunft der Angestellten - Neue Technologien und berufliche Perspektiven in Büro und Verwaltung. Frankfurt 1986

Beck, Ulrich: Risikogesellschaft. Auf dem Weg in eine andere Moderne. Frankfurt 1986

Beck, Ulrich / Brater, Michael: Die soziale Konstitution der Berufe, Band 1. München 1977

Bernard, Franz: Zur Entwicklung von methodologischer Analyse und Strukturierung. In: Schanz, Heinrich (Hrsg.): Berufsbildung im Zeichen des Wandels von Technik, Wirtschaft und Gesellschaft. Stuttgart 1992

Harney, Klaus: Arbeit, Lernen, Berufsausdifferenzierung - Anmerkungen zum Wandel des parasitären Status traditioneller Industrieausbildung und Berufsausbildung. In: Harney, Klaus / Pätzold, Günter (Hrsg.): Arbeit und Ausbildung, Wissenschaft und Politik. Frankfurt 1990

Heimann, Klaus: Berufsbildungsinstitut will das Berufskonzept aufgeben - BIBB-Forschung zur Modularisierung zerstört Grundlagen des beruflichen Bildungssystems. In: Gewerkschaftliche Bildungspolitik, Heft 2, 1994, S. 27

Heydorn, H. Joachim: Über den Widerspruch von Bildung und Herrschaft. Frankfurt 1970

Hoppe, Manfred / Pahl, Jörg-Peter: Instandhaltung - Bewahren, Wiederherstellen, Verbessern. Bremen 1994

Huisinga, Richard: Dienstleistungsgesellschaft und Strukturwandel der Ausbildung. Frankfurt 1990

Ders.: Schlüsselqualifikationen und Exemplarik- Genese und Stellenwert. In: Pätzold, Günter (Hrsg.): Handlungsorientierung in der beruflichen Bildung. Frankfurt 1992

Lipsmeier, Antonius: Berufsverwandtschaften und Berufsgeschichte von Metallberufen seit 1877. In: Harney, Klaus / Pätzold, Günter (Hrsg.), a.a.O., S. 111 ff

Ders.: Zur Konstitutionsgeschichte elektrotechnischer Ausbildungsberufe unter besonderer Berücksichtigung des Elektromechanikers. In: Schanz, Heinrich, a.a.O., S. 68 ff

Lisop, Ingrid: 40 Jahre Berufsausbildung im technischen Wandel - Ihre Zukunft im Rückspiegel betrachtet. Frankfurt 1985

Dies.: Schlüsselqualifikationen - Zukunftsbewältigung ohne Sinn und Verstand. In: Literatur- und Forschungsreport Weiterbildung, Heft 22, 1988, S. 78 ff

Dies.: Bildung und Qualifikation diesseits von Zwischenwelten, Schismen und Schizophrenien. In: Martin Kipp u. a. (Hrsg.): Paradoxien in der beruflichen Weiterbildung. Zur Kritik ihrer Modernitätskrisen. Frankfurt 1992, S. 59 ff

Lisop, Ingrid / Huisinga, Richard: Das Berufsproblem und die Berufs-, Arbeits- und Wirtschaftspädagogik. In: Zeitschrift für Berufs- und Wirtschaftspädagogik, 78(1982),6, S. 416 ff

Lisop, Ingrid / Huisinga, Richard: Arbeitsorientierte Exemplarik. Theorie und Praxis subjektbezogener Bildung. Frankfurt 1994

Ziertmann, Paul: Das Berechtigungswesen. In: Handbuch für das Berufs- und Fachschulwesen. Berlin 1922

Nachfragen zu dem Beitrag von Ingrid Lisop und anschließende Diskussion

Geißler: Ich fand die Argumentation von Ingrid Lisop sehr interessant, auch den historischen Abriß. Andererseits provoziert das aber bei mir auch Rückfragen: Wenn man bei Luther beginnt, ist der Beruf auch immer verbunden mit der Berufung, damit ist das doppelte Moment artikuliert, nämlich dasjenige der Selbstorganisation und seine gleichzeitige Vergesellschaftung. Unsere heutige Arbeitswelt läßt sich nicht mehr in dieser Dichotomisierung Individuum versus Arbeitswelt/Gesellschaft abbilden. Es ist nämlich eine dritte Größe hinzugekommen: das Wirtschaftssystem. Denn eine wichtige Vermittlungsposition spielen heute die Betriebe. Das Beispiel der Produkthaftung zeigt, daß es um individuelle Qualifikationen, aber auch um Systeme geht, um Managementsysteme, wie Total Quality Management. Meine Vermutung ist, daß die Dialektik von Freiheit und Gebundenheit, wie Frau Lisop das entfaltet hat, nicht auf zwei, sondern auf drei Ebenen entfaltet werden muß, nämlich auf der Ebene des Individuums, da ist der Begriff der Bildung durchaus geeignet, auf der Ebene der Organisation und auf der Ebene der Volkswirtschaft, die Sie eher ausgeblendet haben. Diese Ebene sollte man nicht vorschnell ausblenden, denn die Unternehmen brauchen ja einen Kalkulationsrahmen, es müssen ja auch gesellschaftspolitisch vertretbare Rahmenbedingungen da sein, und ein System von Berufen scheint mir eine Entwicklung und Stabilität zu bieten, die die Betriebe von sich heraus nicht leisten können. Diese Stabilität bezieht sich nicht nur auf Fachwissen/Qualifikationen, sondern auch auf Identitätsmuster (Loyalität), die sich nicht nur am Betrieb festmachen, sondern u.a. am Beruf. Dem Betrieb und der Betriebsentwicklung wird dadurch eine Stabilität gegeben, die sie brauchen. Sie läßt sich nicht kurzfristig am Profitinteresse des Betriebes ausrichten.

Antwort Lisop: Ich habe in der Kurzfassung des Textes den Begriff der lernenden Organisation, wie den der lernenden Gesellschaft ausgeklammert, nicht jedoch in der Langfassung. Mein Subjektbegriff schließt immer das Kollektive und das Individuelle ein. Bildung ist ein dialektischer Begriff und kann gar nicht anders gedacht werden, als unter Einbezug von Individuum und Gesellschaft. In der Frage der Stabilität und der Identität würde ich zwar nicht soweit gehen, daß wir auf Berufsausbildung "verzichten" können. Wir sollten aber über die "Rationalisierung" der Berufsausbildung nachdenken und neue Kombinationen von Allgemeinbildung und Erstausbildung finden. Und, die, das ist mein Plädoyer für Schlüsselqualifikationen, viel genauer von der Einheit des Personalen, Methodischen und Fachlichen im Hinblick auf das Allgemeine, das Transferierbare im Wandel sehen. Das haben wir didaktisch noch nicht geleistet. Die individuelle und soziale Identität, auf die die Betriebe gerade bei großen Innovationen angewiesen sind aber auch beim Job Rotation im Alltagsgeschäft, diese Identität ist heute eben nicht mehr vom Beruf her ausbildbar und tragfähig. Meine Erfahrung aus der Organisationsentwicklungsberatung ist, daß sich die Identität im Betrieb nicht über den erworbenen Beruf bildet, sondern über die Erfahrung, über Geschicklichkeit, Status, Lohn-/Gehaltsstufen, informelle und formelle Verbindungen, die man im Betrieb hat. Daraus ergibt sich eine sehr komplexe Identität, die häufig, wenn der Betrieb in Wandlungsprozessen wenig Rücksicht auf das Humanpotential nimmt, bedroht wird. Ein Teil der Bildungsarbeit und der Qualifizierungsarbeit ist es dann, Identitätshilfe zu leisten. Sie gelingt nie über die Berufsidentität, weil die längst zerronnen ist.

Frage N.N.: Gibt es denn darüber empirische Nachweise, da meine Erfahrung, eine gegenteilige ist, daß sowohl die ursprüngliche Erstausbildung, als auch das zählt, was danach kommt, das heißt, was hat derjenige daraus gemacht.

Arnold: Es ist eine interessante Perspektive, daß Allgemeinbildung besser ist, als eine überfrachtete Berufsausbildung. Das sagt sogar eine internationale Studie, worin die Weltbank den Entwicklungsländern empfiehlt, aufzuhören, die Berufsausbildung aufzubauen, sondern rät, die allgemeine Bildung aufzubauen, denn es ist nachgewiesen, daß die Produktivität von Arbeitern abhängig ist davon, wie hoch der Grad der Erstausbildung ist. Mit dem Blick auf die Zerbröselung des Dualen Systems: Verhalten sich die Betriebe nicht rational, wenn sie gleich auf die Schlüsselqualifikationen zurückgreifen, daß also immer mehr Fachhochschüler und abgebrochene Studenten eingestellt werden?

Wittwer: Die Auflösung von Beruf und Berufsausbildung kann ich nachvollziehen und ich denke, daß sie aufgefangen wird durch eine Art Unternehmenskultur, Beispiel Japan, dort gibt es keine Berufsausbildung. Meine Frage ist, was passiert, wenn der Einzelne aus dieser Unternehmenskultur herausgerissen wird, was kann ihm da noch Halt geben, Identität geben?

Frage N.N.: Die Dramatik, daß Beruf und Bildung erodieren, liegt vielleicht darin, daß in beiden Vorträgen zu sehr auf die Sichtweise des Betriebes geachtet wurde. Ich versuche das mal am Berufsbegriff festzulegen. Da sind die Berufsverbände, die spielen eine große Rolle. Die haben die Aufgabe, den Nachwuchs zu regeln, die Bildung zu regeln, das heißt also, die historische, gesellschaftliche Komponente ist ganz pragmatisch dafür verantwortlich, daß Beruf und Bildung relativ eng zusammen gedacht wird. Es kann sein, daß sich die Anforderungen im Betrieb ändern und trotzdem erneuert sich der Berufsbegriff immer wieder. Es ist ein Konstrukt, damit bin ich einverstanden, aber er wird nicht ganz verschwinden.

Frage N.N.: Es ist ein Unterschied, ob man aus der Perspektive Betrieb oder aus der Perspektive betroffenes Subjekt das Problem Beruf und Bildung betrachtet. Unsere Erfahrungen im Ruhrgebiet zeigen, daß Jugendliche eine Berufsausbildung absolviert haben, jedoch nicht in ihren Ausbildungsbetrieben darin eingesetzt werden. Damit verfallen Berufsqualifiktionen ganz schnell, das wissen auch die Jugendlichen. Unsere einzige Chance, dieses Problem als Subjekte aufzunehmen, ist sich auf den Beruf zu besinnen. Eine kleine Anzahl derjenigen bewerben sich weg von den Großbetrieben, die schlecht mit Qualifikationen umgehen und bewerben sich mit der Berufsschablone an anderer Stelle. Sie durchlaufen interessanterweise auch sehr schnell neue Qualifikationsprozesse, die nicht mehr eng an der Beruflichkeit angelegt sind, die sofort in Weiterbildung reinreichen, in das, was man auch als Allgemeinbildung bezeichnet, die die kommunikative Kompetenz und ähnliches steigert. Die Berufsschablone ist die einzige Emanzipationschance für das einzelne Subjekt, aus einer solchen schlechten Verwertung von Arbeitskraft herauszukommen und sich auf dem Arbeitsmarkt anzubieten. Das sollte auf keinen Fall in Vergessenheit geraten.

Lisop: Auf die Frage nach den empirischen Nachweisen läßt sich antworten, daß z.B. Lempert u.a. sowie die gesamte Biographieforschung zeigen, daß Ausbildung, speziell die Berufsausbildung deshalb Teil der Identität ist, weil Lernphasen besondere sensible Phasen unserer Persönlichkeitsbildung sind. Aber wenn es um die spezifische "Arbeitspersönlichkeit" geht, dann speist sich diese aus sehr viel mehr als nur aus dem Beruf, was ich bereits skizziert habe. Was die Chancen der Wiedereinmündung auf den Arbeitsmarkt im technisch - ökonomischen Freisetzungsprozeß angeht, so ist es eine gefährliche Illusion zu glauben, sie erfolge über den Beruf. Sie erfolgt auf der Basis von Allgemeinbildung, beruflicher Qualifizierung und der Arbeitserfahrung als spezifischer Gemengelage. Die berufliche Erstausbildung nimmt darin den geringsten Stellenwert ein.

Peters: Sicherlich ist der Beruf ein Konstrukt, der der Identitätsbildung beiträgt. Ich kann dem Gedanken von Ingrid Lisop viel abgewinnen, daß wir es mit zwei Schwierigkeiten zu tun haben. Einmal, daß das Konstrukt "Beruf" heute fachlich nicht mehr griffig ist, angesichts der Veränderungsprozesse. Er ist als objektive Kategorie und des sozialen Wandels durch berufliche Weiterbildung nicht mehr hinreichend zu fassen. Wir haben aber noch keinen neuen ausdifferenzierteren Begriff. Ich weiß nicht, ob wir uns wieder auf die Becksche Ausdifferenzierung einlassen müssen. Das andere Problem, das die Berufspädagogik anerkennen muß, ist, daß wir bisher nur aus der Objektperspektive die Konstrukte wie Beruf herantragen. Sind diese Konstrukte auch diejenigen, die die Betroffenen wählen, wenn sie aus ihrer - der Subjektperspektive - gefragt werden, wodurch sie sich definieren? Gegenwärtig wählen sie den Begriff Beruf, weil es der ist, über den wir uns gesellschaftlich geeinigt haben. Wir haben uns noch nicht darüber verständigt, ob die Leute aus einer inneren, subjektiven Perspektive heraus, das neu füllen würden.

Frage N.N.: Besteht nicht ein Konflikt zwischen den beiden Vorträgen in bezug auf den Subjektbegriff und dem Identitätsbegriff. Frau Lisop redete von dem kollektiven und dem individuellen Subjekt, was nach Beck sehr fraglich ist. Sie erkennt wohl das Adornosche Verdikt der Halbbildung in unserer Gesellschaft. Das Individuum kann meines Erachtens tatsächlich nicht anders als halb gebildet werden. Wie dann noch eine Bildungskonzeption überhaupt aussehen kann, ist mir nicht ganz klar. Herrn Arnold bitte ich seine Position von Identitätsfindung und Identitätsbildung zu präzisieren.

Arnold: Ich sehe in diesem Punkt keinen Widerspruch zu den Ausführungen von Frau Lisop. In anderen Bereichen gibt es schon Akzentverschiebungen, wie z.B. bei der Selbstorganisation. Ich sehe eine Übereinstimmung in der Diagnose, daß sie sagt, daß wir eine neue Beruflichkeit, einen neuen Berufsbegriff brauchen, der viel mit Professionalität zu tun hat, der die Kategorien Qualifikation, Erfahrung und Bildung in sich birgt. Da ist der Erfahrungsbegriff, der bei mir nicht so deutlich auftauchte. Ich habe von der Trias gesprochen - Umgang mit sich selbst, mit anderen, Umgang mit der Sache. Vielleicht ist ja in der Sache der Erfahrungsbegriff mit drin. Das ist sehr ähnlich. Da ist ein Subjektbegriff insofern impliziert, als es um den Umgang mit sich selbst geht. Ingrid Lisop hat dies viel stärker in den Vordergrund gerückt, insofern es Stabilisierungshilfe, Identitätshilfe zu leisten gilt. Dies stellt die Frage, was das professionalitätstheoretisch bedeutet und was man als Berufspädagoge leisten muß, wieviel man von der Sache verstehen muß. In den Vordergrund rückt statt des Subjektbegriffs der Identitätsbegriff, der aus einer anderen Tradition kommt. Vielleicht hatten Sie deswegen Schwierigkeiten mit meiner Ausführung. Ich denke, Identität, Identitätshilfe beinhaltet in sich eine Erweiterung dessen, um was es in der Berufspädagogik geht. Ich sehe keinen Widerspruch in der Frage des Kollektivsubjekts. Da gibt es ja unterschiedliche Verständnismöglichkeiten, wenn sie unter Kollektivsubjekt meinen, Geist, Vernunft, Ganzheitsvorstellungen; ich habe ja darauf hingewiesen, daß mir, soweit ich das überhaupt verstehe und überblicke, die postmodernen Diskussionen solche Ganzheitsvorstellungen schwer begründbar erscheinen lassen - davon können wir nicht ausgehen. Man könnte dann darüber diskutieren, was dann in der neueren Erwachsenenbildungsdiskussion überhaupt noch Bildung ist. Da gibt es einen Rückgriff auf neuere Konstruktivismusansätze. V. Glasersfeld sagt, daß es entscheidend ist, daß man Deutungen vergleicht und fragt, welche Bedeutungen Deutungsmuster für die Identitätssicherung in einem lebensweltlichen, beruflichen Kontext haben. Da könnte man ein Kollektivsubjekt insofern akzeptieren, indem es um die systematische Ganzheit von Lebenswelt oder betrieblicher Lebenswelt geht.

Lisop: Zu der an mich gerichteten Frage bezüglich Halbbildung: Ich gebe mich nicht fatalistisch der Auffassung hin, daß nun mehr Halbbildung oder Atomisierung unser Schicksal wäre. Das kann ich nicht, denn dann müßte ich mir als Pädagogin den Strick nehmen. Mein Ethos, das stelle ich auch als solches dar, denn Wissenschaft muß es offenlegen, heißt Subjektbildung. Sie zielt auf die Entfaltung unseres Gattungsvermögens des Denkens, des Wollens, des Fühlens, auf Entscheidungsfähigkeit und Handlungsfähigkeit, wie Reflexivität.

WOLFGANG WITTWER

Betriebliche Weiterbildung und berufsbiographische Krisenbewältigung

Verfolgt man die Geschichte der betrieblichen Weiterbildung, dann stellt sie sich in jeder Phase als ein Instrument zur Bewältigung von Krisen dar. (Allerdings weniger von Krisen der Mitarbeiter und Mitarbeiterinnen als von Krisen der Unternehmen.) Im Mittelpunkt steht die Frage, welchen Beitrag in dieser Situation die Weiterbildung zur Erreichung des Betriebsziels leisten kann. Je nachdem, in welcher Phase seines Lebenszyklus sich ein Unternehmen befindet, fällt die Antwort unterschiedlich aus. Hölterhoff und Becker (1986, S.38) unterscheiden beispielsweise zwischen der Institutionalisierungs-, Differenzierungs- und Integrationsphase. Die Weiterbildungskonzepte der jeweiligen Phasen weisen den Mitarbeitern unterschiedliche Rollen zu. Sind sie in der Institutionalisierungs-phase Adressaten vorgefertigter Seminarprogramme (angebotsorientierte Weiterbildung), so werden sie in der Integrationsphase als die eigentlichen Träger der betrieblichen Weiterbildung gesehen. Sie sollen selbst ihre Probleme identifizieren, diese hinsichtlich ihrer Ursachen analysieren und gemeinsam entsprechende Lösungen finden (vgl. Hölterhoff/Becker 1986, S.37).

Noch deutlicher formuliert Thomas Sattelberger die neue Aufgabe der betrieblichen Weiterbildung. Sie soll Lernprozesse erlauben, "die sich am Mitarbeiter als einer Persönlichkeit und nicht nur an den unternehmens- bzw. aufgabenbezogenen **Rollen** des Mitarbeiters orientieren" (Sattelberger 1989b, S.294). Die betriebliche Weiterbildung wird damit zur Personalentwicklung, die sich von ihrem Verständnis her nicht nur an betrieblichen Strukturstellen, Positionen und Hierarchieebenen (strukturorientierte Personalenwicklung) orientiert, sondern auch am Lebenszyklus des Organisationsmitgliedes (lebenszyklusorientierte Personalentwicklung, vgl. Tafel 1) (ebenda, S.287).

Gravierende personale Veränderung	Thema der Personalentwicklungs- bzw. Beratungsmaßnahmen
Auswahl eines neuen Mitarbeiters bzw. eines neuen Unternehmens	Abgleich der Bedürfnisse und Werte der Organisation mit denen des möglichen neuen Mitarbeiters; Eignung bzw. individuelle Bedürfnisse versus Anforderungen
Eintritt als neuer Mitarbeiter	Soziale Integration in das Unternehmen Sozialisationshilfe, "Kulturschock" Bewältigung, Klärung eines sinnvollen Leistungsbeitrages
Versetzung (neue Abteilung, Funktion, Werk Auslandseinsatz)	Hilfe beim Wechsel in ein neues soziales Gefüge, Neuorientierung des Lebensraumes
Hierarchische Weiterentwicklung Beförderung	Bedeutung von Karriere und Aufstieg, spezifische Führungsfähigkeiten, Potentialeinschätzung bzw. -beurteilung, Wachstum und Entwicklung in höherer Verantwortung
In der Mitte des (Berufs-) Lebens	Standortbestimmung, Identifizierung der Karriereanker, Bewältigung von Entwicklungsplateaus, Umgang mit dem Älterwerden und berufliche Neuorientierung (Life-Styling), "Careerplaning"
Ausscheiden eines Mitarbeiters (während seiner beruflichen Entwicklung)	"Dehiring"-Hilfe, "Outplacement"-Programme
Vorbereitung auf und Ausscheiden in den Ruhestand	Loslassen können, Stigma des Alters, neuer Lebensabschnitt, Zukunftssicherung, Übernahme einer sinnvollen Beratungs- bzw. Mentorenrolle

Tafel 1: "Lebenszyklusorientierte Personalentwicklung"

Das lebenszyklusorientierte Personalentwicklungs-Konzept umfaßt den gesamten Zeitraum der Tätigkeit in einem Unternehmen - ausgehend vom Eintritt in die Organisation bis zum Austritt aus der

Organisation - und kann auch die Phase vor dem Eintritt bzw. nach dem Austritt aus der Organisation einschließen (vgl. Schaubild "Lebenszyklusorientierte Personalentwicklung"). Es beinhaltet Beratungs- und Entwicklungsprogrammme, "die den individuellen Lebenszyklus eines Mitarbeiters in der Organisation in Phasen des Übergangs, der Veränderung und kritischer Entscheidung flankierend begleiten" (ebd.).

Ein Beispiel für eine lebenszyklusorientierte Personalentwicklung ist die systematische Einführungsberatung oder das Induktionsprogramm für neue Mitarbeiterinnen und Mitarbeiter, "in denen einerseits Identifikation mit Unternehmen und Aufgabe gefördert sowie Unternehmenskultur verständlich wird und andererseits darauf geachtet wird, daß das Innovationspotential der 'Neuen' nicht verschüttet wird" (Sattelberger 1986a, S. 29).

Das lebenszyklusorientierte Konzept ermöglicht, "daß die betroffenen Mitarbeiter einen kognitiven Bezugsrahmen für ihre Entwicklung bilden können (z.B. Thematisierung von Karriere, Klärung eigener Entwicklungsvorstellungen und Lebensziele, Abgleich eigener Bedürfnisse und Werte mit denen der Organisation), der sinnstiftenden Charakter für den einzelnen hat" (Sattelberger 1986b, S. 296). Das Konzept erhebt den Anspruch der Ganzheitlichkeit, d.h. es berücksichtigt auch den Zusammenhang von Arbeit, Beruf und Privatleben.

Das berufliche Lebenszyklus-Konzept ist allerdings sehr formal und statisch bzw. idealtypisch angelegt. Der berufliche Lebensweg eines Erwerbsfähigen verläuft heute nicht mehr in dieser strukturierten Form und zeitlichen Abfolge. In Zeiten von lean production bzw. lean management ist die hierarchische Weiterentwicklung und Beförderung immer weniger gegeben. Die Verweildauer der Erwerbstätigen innerhalb einer Organisation werden immer kürzer. Die Standortbestimmung, die Identifizierung der Karriereanker oder die berufliche Neuorientierung erfolgt daher heute nicht erst in der Mitte des Berufslebens, sondern schon viel früher und immer wieder von Neuem.

Thomas Sattelberger selbst ist aus diesem Grund bei den "6. Betriebspädagogischen Theorie-und-Praxis-Tagen" vom 11./12. 3. 1994 in Hamburg von dem lebenszyklusorientierten Konzept abgerückt.

Ein Indiz für eine Verkürzung der Berufslaufbahn in einer Organisation sind die Biographien der Erwerbsfähigen. Zusammen mit einer Mitarbeiterin führe ich zur Zeit eine Vorstudie zur biographischen Entwicklung von Weiterbildnern und Weiterbildnerinnen durch. Die ersten Interviews zeigen, daß diese Personen z.T. eine gebrochene Biographie haben. Sie haben - teils freiwillig, teils unfreiwillig - eine Vielzahl von Veränderungen (z.B. Tätigkeits-, Arbeitsplatz-, Betriebs-, Berufs- und Qualifikationswechsel) durchlebt. Legt man ein grobes Raster an, so kann man zwischen zwei Typen unterscheiden. Typ A hat unterschiedliche Qualifikationen in verschiedenen Bildungseinrichtungen erworben und hat mehrmals seine Berufstätigkeit gewechselt, bis er schließlich eine - man könnte auch sagen: **seine** - Tätigkeit gefunden hat (vgl. Lebenslinie Frau M, siehe Textende).

Typ B hat gezielt **"seinen"** Arbeitgeber bzw. Arbeitsplatz ausgesucht und ist dann in diesem Betrieb bzw. dieser Organisation geblieben. Allerdings hat er in dieser Organisation seinen Arbeitsplatz bzw. sein Aufgabengebiet gewechselt. In beiden Fällen sind die Veränderungen mit einer Neu-Qualifizierung und Neu-Orientierung verbunden (vgl. Lebenslinie Herr K, siehe Textende).

Nun ist die berufliche Entwicklung von Weiterbildnern und Weiterbildnerinnen nicht unbedingt typisch für den beruflichen Werdegang eines Erwerbstätigen (vgl. Schick/Wittwer 1992). Generell scheint jedoch heutzutage, so Zygmunt Baumann in der Süddeutschen Zeitung (vom 16./17.11.93) sich alles "gegen ferne Ziele, lebenslange Entwürfe, dauerhafte Bindungen, ewige Bündnisse, unwandelbare Identitäten zu verschwören. Ich kann nicht langfristig auf meinen Arbeitsplatz, meinen Beruf, ja nicht einmal auf meine eigenen Fähigkeiten bauen; ich kann darauf wetten, daß mein Arbeitsplatz wegrationalisiert wird, daß mein Beruf sich bis zur Unkenntlichkeit verändert, daß meine Fähigkeiten nicht länger gefragt sind".

Die Veränderungen betreffen nicht nur Rationalisierungsmaßnahmen sowie die Umgestaltung von Arbeit und Organisation, sondern letztlich auch - worauf Ulrich Beck hinweist - die "Quellen der Gewißheit, aus denen sich das Leben speist", d.h. es versiegen die Quellen der Orientierung. Für den einzelnen bedeutet dieser Umbruch u.a. die Herauslösung der Biographie aus vorgegebenen Fixierungen sowie die Aufgabe, immer mehr Anteile der Biographie selbstverantwortlich zu gestalten.
Bei Strafe seiner permanenten Benachteiligung muß er lernen, "sich selbst als Handlungszentrum, als Planungsbüro in bezug auf seinen eigenen Lebenslauf, seine Fähigkeiten, Orientierungen, Partner-schaften usw. zu begreifen" (Beck 1986, S.217). Die lebenszyklusorientierte Personalentwicklung muß daher weiterentwickelt werden zu einem Konzept, das von dem Mitarbeiter und der Mitarbeiterin als handelnden Subjekten ausgeht.
Rolf Stiefel sieht die betriebliche Weiterbildung bereits auf diesem Weg. Er beobachtet seit Anfang der 90er Jahre - allerdings nur für die Weiterbildung von Führungskräften - innerhalb der betrieblichen Weiterbildung einen Trend in Richtung autonomieorientierter Weiterbildung. Deren Leitfrage lautet: "Was hindert/fördert uns in unserem Unternehmen, das die Mitarbeiter in die Lage versetzt oder behindert, selbständig und mit Eigeninitiative auf neue Fragen und Problemstellungen Antwort zu finden?" (Stiefel 1993) Der Inhalt dieser Frage definiert die Beziehung Mitarbeiter bzw. Mitarbeiterin und Organisation neu. Ziel der Weiterbildung sind selbständig und eigeninitiativ handelnde Beschäftigte, die bei ihrem Tun nicht durch die Organisation behindert werden sollen.

Die autonomieorientierte Weiterbildung ist eingebunden in die strategieorientierte Personalentwicklung, die sich - und darin liegt ihre erste Einschränkung - an Schlüsselpersonen bzw. an Inhaber strategisch bedeutsamer Schlüsselpositionen wendet. Die zweite Einschränkung besteht in der Begrenzung der Förderung von Autonomie innerhalb der Organisation Betrieb.
Diese Art der Förderung ermöglicht es den betreffenden Mitarbeitern und Mitarbeiterinnen zwar, sich im Rahmen der Organisation weiterzuentwickeln, diese Förderung aber hört auf bzw. reicht nicht aus,

wenn der Arbeitsplatz für den Betrieb nicht mehr strategisch wichtig ist bzw. wenn er wegrationalisiert wird. Mit diesem Problem sehen sich heute aber immer mehr Erwerbsfähige konfrontiert.
Die betriebliche Weiterbildung muß daher - wie ich meine - eine Perspektiverweiterung vornehmen. Wurde bisher der Weiterbildungsbedarf und das Weiterbildungsziel allein aus der Sicht der Anforderungen der einzelnen Stelle bzw. des Betriebsziels gesehen, so muß jetzt die betriebliche Weiterbildung auch die berufsbiographischen Entwicklungsprozesse[1] der Mitarbeiter und Mitarbeiterinnen in den Blick nehmen. D.h. sie muß die Mitarbeiter und Mitarbeiterinnen bei der biographischen Aneignung von Qualifikationen sowie bei der berufsbiographischen Verarbeitung von Wechseln unterstützen.

Die betriebliche Weiterbildung verändert sich damit in Richtung berufsbiographische Weiterbildung (vgl. Tafel 2: "Ansätze der betrieblichen Weiterbildung"). Ihr Ziel beschränkt sich nicht mehr auf den "Verkauf von Früchten" sprich Qualifikationen, sie liefert nun auch den Samen für individuelle und damit auch organisatorische Entwicklungsprozesse. Denn Früchte sind ein kurzlebiges Gut. Hat man sie verzehrt, stellt sich für eine kurze Zeit ein Sättigungsgefühl ein, aber schon bald verspürt man wieder Hunger. Sät man dagegen Samen, so dauert es zwar eine gewisse Zeit, bis daraus eine Pflanze wächst, die Früchte trägt, bei entsprechender Pflege wird diese Pflanze jedoch immer wieder neue Früchte bzw. Samen hervorbringen.

---

[1] Der Begriff "Beruf" wird hier verstanden als ein Bündel von Tätigkeiten, die Bestandteil verschiedener Ausbildungsberufe sein können, und das vor dem Hintergrund der wissenschaftlich-technischen, wirtschaftlich-strukturellen sowie der sozio-kulturellen Entwicklung entsprechend den besonderen betrieblichen Bedingungen zusammengestellt bzw. verändert wird. Für die Ausübung eines "Berufes" ist eine Fachausbildung als Basisqualifikation sowie der Erwerb von speziellen Zusatzqualifikationen im Hinblick auf das jeweilige Tätigkeitsprofil erforderlich.

P E R S O N A L E	Phase 1:	Angebotsorientierte Weiterbildung ⇨	Allgemeine Förderung der beruflichen Qualifikation
	Phase 2:	Strukturorientierte Weiterbildung ⇨	Qualifizierung im Hinblick auf best. betriebliche Stellen und Positionen
E N T W I C K L U N G	Phase 3:	Lebenszyklusorientierte Weiterbildung ⇨	Qualifizierung an wichtigen beruflichen Lebensabschnitten
	Phase 4:	Autonomieorientierte Weiterbildung ⇨	Förderung bzw. Ermöglichung von selbständigen und eigeninitiativen Handeln in Organisationen
	Phase 5:	Berufsbiographische Weiterbildung ⇨	Integration wechselnder Aufgaben/Qualifikationen in die Berufsbiographie

Tafel 2: Ansätze der betrieblichen Weiterbildung

Diese berufsbiographische Aneignung geschieht in der subjektiven tätigen Anstrengung des In-Beziehung-Setzens der neuen Qualifikation mit sich und der technischen und sozialen Umwelt. Im individuellen Aneignungsprozeß werden die neuen Qualifikationen spezifisch verarbeitet und umgesetzt. Hauptmerkmal dieses Prozesses ist das Moment des Selbsterlebens und der Bezug zur eigenen Tätigkeit. "Angeeignete" Qualifikationen sind in die Berufsbiographie integriert und tragen wesentlich zur Weiterentwicklung der Berufsperspektive bei bzw. eröffnen überhaupt erst neue Berufsperspektiven.

Bei diesem Aneignungsprozeß benötigen die Erwerbsfähigen Unterstützung. Denn der Wechsel des Arbeitsplatzes, der Eintritt in immer neue Bildungsgänge, die Übertragung neuer Aufgaben, die Einstellung auf veränderte Situationen, der Erwerb neuer Erfahrungen, die fachliche, soziale und emotionale Erschließung neuer Lebens- bzw. Arbeitsbereiche sind für die Erwerbstätigen von existentieller Bedeutung (vgl. Wittwer 1992).

Für sie stellt sich bei jedem Wechsel die Frage:

- Worin liegt die Kontinuität meiner Arbeit?
- Wie kann ich die wechselnden Aufgaben in meine Berufslaufbahn integrieren?
- Wie kann ich eine Berufsperspektive entwickeln und diese kontinuierlich verfolgen?
- Welche Beziehung habe ich noch zu meiner Berufstätigkeit?
- Wie kann ich der bzw. die bleiben, der bzw. die ich bin?

Die Klärung dieser Frage ist wichtig, da "subjekthaftes Handeln ohne die Vorstellung einer inneren Integration von Normen und Werten und einer inneren Kontinuität von Biographie innerhalb wechselnder und vielfältiger sozialer Bezugsgruppen und Rollensysteme nicht denkbar" ist (Baethge u.a. 1988, S. 29).
Wie können nun die Erwerbsfähigen die unterschiedlichen, teils widersprüchlichen Anforderungen und Wechsel in Einklang bringen? Wie können sie über die Zeit ihrer Arbeit Kontinuität verleihen? Die Antwort auf diese Fragen liegt in der Kontinuität des Selbsterlebens des Individuums, in seiner Identität.

Die Soziologin Gertrud Nunner-Winkler macht in einem Gleichnis deutlich, wodurch diese Identität gesichert werden kann. Als Beispiel wählt sie das Schiff des griechischen Helden Theseus. Eine Planke davon wird faul und ersetzt, die nächste wird faul und ersetzt ... usw. Sie fragt, was ist nun Theseus Schiff? Ihre Antwort ist: Wenn alle alten Planken im Schuppen aufgestapelt liegen, so ist dies - da sind wir uns alle einig - nicht mehr Theseus' Schiff. Wenn nun aber, raumzeitliche Kontinuität bewahrend, eine Planke nach der anderen am ursprünglichen Schiff ersetzt würde, dann würden wir am Ende doch wohl sagen: Dies ist das Schiff von Theseus. Zugrunde liegt diesem intuitiven Urteil die Annahme, daß das Ganze mehr sei als die Summe seiner Teile. Gestiftet wird die Identität durch ein Strukturierungsprinzip, das die einzelnen Bretter - auch wenn es neue sind - zusammenhält (Nunner-Winkler 1988).

Ähnlich wie bei Theseus' Schiff verhält es sich mit den Erwerbstätigen. Sie müssen Qualifikationen immer wieder ergänzen und erneuern. Sie müssen das Arbeitsgebiet, den Arbeitsplatz oder den Betrieb wechseln. Damit sie trotz aller Wechsel ihre Individualität bewahren können, benötigen sie eine Idee, ein Prinzip, die bzw. das ihnen hilft, die Wechsel in ihre Berufsbiographie zu integrieren. Mit anderen Worten, es gilt, den persönlichen Mythos, das heimliche Leitmotiv unseres Lebens zu identifizieren und den Erwerbstätigen die Chance zu geben, dieses Leitmotiv unter dem Aspekt der Behinderung oder Förderung der beruflichen Entwicklung zu reflektieren. Der persönliche Mythos "entsteht allmählich im Laufe unserer Entwicklung, und er integriert sowohl die persönlichen Erfahrungen als auch die Angebote der Kultur-Symbole, Bilder, Motive, die in den vielfältigen und reichhaltigen Geschichten enthalten sind, mit denen wir von Kindheit an umgeben sind" (Ernst 1994, S. 20). Seine subjektive Ausformung "prägt die Bewertung und Einordnung späterer Ereignisse. Krisen, Krankheiten oder Rückschläge sind im späteren Leben nicht bloße Schicksalsschläge oder zufällige Ereignisse, je nach dem Grundton des persönlichen Mythos erhalten sie einen Stellenwert in der Geschichte, indem wir bestimmte Ursachen und Erklärungen suchen, die das Geschehen begreiflich machen" (ebd., S.22).

Bei unseren Interviews mit Weiterbildnern und Weiterbildnerinnen ergab sich, daß für diese u.a. die "Neugierde", die "Suche nach einer Antwort auf die Frage: Was veranlaßt Menschen, das zu tun, was sie tun?" sich "Veränderungen und Wechseln zu stellen und diese als

Herausforderung zu begreifen" oder das "Bedürfnis nach Sicherheit" wesentliche Antriebe für ihre berufliche Entwicklung waren.
Manche Weiterbildner und Weiterbildnerinnen befinden sich aber in einem gewissen Dilemma. So würde ein Weiterbildner gern aus seinem Unternehmen herausgehen und sich für eine gewisse Zeit auf berufliche Wanderschaft begeben. Sein Bedürfnis nach Sicherheit verhindert das jedoch. Diese und ähnliche Probleme dürften die Erwerbstätigen auch insgesamt haben. Für die berufliche Weiterentwicklung ist somit nicht nur die Befriedigung des beruflich-fachlichen Qualifikationsbedarfs wichtig, sondern auch überberufliche Bildungsbedürfnisse auf der Folie des heimlichen Leitmotivs des Lebens. Letztere ermöglichen überhaupt erst eine Eigeninitiative und eigenverantwortliche Weiterbildung.

Die berufsbiographieorientierte Weiterbildung muß daher eine vierfache Zielsetzung verfolgen:

1. Die Vermittlung von Kenntnissen, Fertigkeiten und Fähigkeiten zur Bewältigung künftiger Lebens- und Arbeitssituationen.

    Dabei muß sie

2. vor allem auch auf den biographischen Umgang mit den Qualifikationen eingehen, beispielsweise dadurch, daß den Teilnehmern und Teilnehmerinnen ermöglicht wird, in den neuerworbenen Qualifikationen nicht allein eine spezifische Anforderung der gegenwärtigen Tätigkeit zu sehen, sondern diese als eine ganz persönliche Fähigkeit zu erleben, die konstitutiv für ihre berufliche Lebensplanung sein kann. Sie werden in diesem Fall in der Lage sein, diese Fähigkeiten auch in immer wieder neuen Arbeitszusammenhängen anzuwenden.
Die Kommunikationsfähigkeit z.B. ist eine Anforderung, die an einen Verkäufer bzw. eine Verkäuferin gestellt wird. Ebenso wichtig ist sie aber auch für die Arbeit in einer Werkstattgruppe, in einem Projektteam, als Führungskraft

oder als Animateur in einem Freizeitpark sowie in der Vater- bzw. Mutterrolle.

Eine entsprechende Erfahrung erlaubt, Fähigkeiten, die bei der Ausübung einer bestimmten Tätigkeit gemacht bzw. entwickelt wurden, als Teil der Biographie zu betrachten und in diese zu integrieren. Bei einem Wechsel der Tätigkeit gehen diese dann nicht verloren.

3. Ferner ist wichtig, daß die Bildungssituation als eine eigenständige Lebenssituation begriffen wird. Sie ist daher nicht als bloße Vorbereitung und als Funktion für eine außerhalb von ihr liegende Wirklichkeit des Lebens anzusehen. "Bildung ist Teil des Lebens und nicht Vorbereitung aufs Leben", so Karlheinz Geißler.

4. Schließlich muß die betriebliche Weiterbildung ermöglichen, daß aus Neugier und Freude an der Aneignung der sozialgegenständlichen Welt und aus Lust, die innere und äußere Welt, sich selbst und andere zu entdecken, gelernt werden kann (vgl. Kade 1983, S. 874).

Betriebliche Weiterbildung in diesem Sinn "qualifiziert für Berufsarbeit und darüber hinaus: für das Leben (Rolff 1986, S.225). Sie ist zugleich Qualifizierung und Bildung.

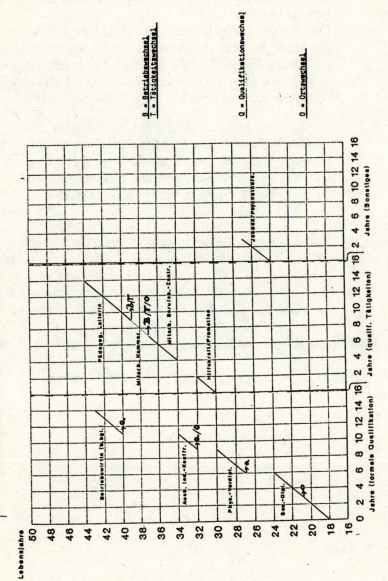

Vorträge

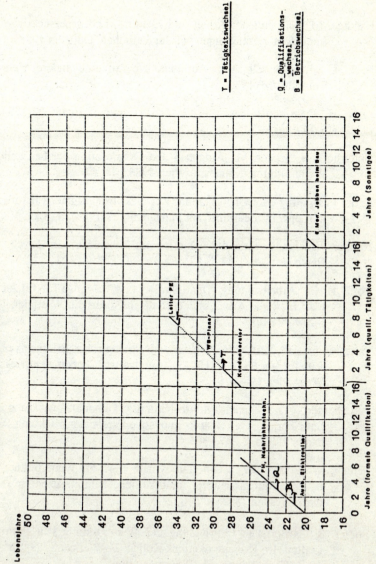

Literatur

Baethge, M. u.a.: Jugend: Arbeit und Identität. Lebensperspektiven und Interessenorientierungen von Jugendlichen. Opladen 1988

Beck, U.: Risikogesellschaft. Auf dem Weg in eine andere Moderne. Frankfurt/M. 1986

Ernst, H.: Dem Leben Gestalt geben. In: Psychologie Heute, 21(1994), 2, S.20 - 26

Hölterhoff, H./Becker, M.: Aufgaben und Organisation der betrieblichen Weiterbildung. München. Wien 1986

Kade, J.: Bildung oder Qualifikation? Zur Gesellschaftlichkeit beruflichen Lernens. In: Zeitschrift für Pädagogik, 29(1983), 6, S.859 - 876

Nunner-Winkler, G.: Identität. Das Ich im Lebenslauf. In: Psychologie Heute, 15(1988), 12, S.58 - 64

Rolff, H.-G.: Arbeitsteilung, Qualifikation und Bildung. In: Fricke, W. u.a.: Jahrbuch Arbeit und Technik in Nordrhein-Westfalen 1986, S.219 - 228

Sattelberger, Th.: Personalentwicklung als strategischer Erfolgsfaktor. In: Sattelberger, Th. (Hrsg.): Innovative Personalentwicklung. Wiesbaden 1989a, S.15 - 37

Sattelberger, Th.: Lebenszyklusorientierte Personalentwicklung. In: Sattelberger, Th. (Hrsg.): Innovative Personalentwicklung. Wiesbaden 1989b, S.287 - 305

Schick, M./Wittwer, W.: Lehr- und Wanderjahre für Weiterbildner. Ein neues Bildungskonnzept für berufliche Bildungsexperten. Stuttgart. Dresden 1992

Stiefel, R.: Historische Entwicklung der Weiterbildung von Führungskräften. In: Kommunikations-Kolleg: Pe-Werkstatt '93, 25. - 26. 10. 1993 in Andernach, Dokumentation

Wittwer, W.: Berufliche Bildung im Wandel. Konsequenzen für die betriebliche Ausbildung. Weinheim, Basel 1992

Nachfragen zu dem Beitrag von Wolfgang Wittwer

Lisop: Was ist daran das Berufsspezifische? Denn, wenn es Berufsbiographie heißt, dann müßte es auch berufsspezifisch heißen.

Antwort Wittwer: Es ist nicht das Berufsspezifische im traditionellen Sinn. In der Weiterbildung, speziell in der betrieblichen Weiterbildung, geht man ja nicht von einem bestimmten Beruf bzw. Ausbildungsberuf aus. Damit wird auch ein neues Verständnis von Berufstätigkeit entwickelt, das Anteile von Professionalisierung enthält und sich eben nicht mehr an einen bestimmten Beruf oder an einer tradierten Berufsstruktur und -ordnung orientiert, sondern einfach Anteile von beruflichem professionellen Handeln beinhaltet. Es geht dann darum, diese Anteile in der Weiterbildung zu ergänzen und zu verknüpfen, damit nicht der Eindruck entsteht, man müsse immer was Neues lernen, etwas, was gar nicht mit dem bisherigen Beruf zu tun hat, sondern daß man eine Art "Ankerplatz" hat, auf den man sich bei neuen Qualifikationen oder auch bei Arbeitsplatz- und Berufswechsel beziehen kann.

Frage N.N.: Wie steht ihr Begriff der Reflexion im berufsbiographischen Umgang im Gegensatz zu Frau Lisops?

Antwort Wittwer: Umfassender, die Reflexion ist ein wichtiger Aspekt des biographischen Umgangs, jedoch nur ein Teil. Man muß ja auch prospektiv seine berufliche Entwicklung planen, dazu gehört auch Orientierungswissen und Fachwissen. Zusätzlich zu dem Aspekt der Reflexion kommen auch noch andere hinzu.

HARALD GEIßLER

Betriebliche Qualifizierungs- und Bildungsprozesse im Spannungsfeld zwischen Individual- und Kollektivsubjekt

1. Die Herausforderung der Berufspädagogik durch die ökonomische Praxis

Arbeiten und Lernen gehören in der Berufspädagogik traditionell zusammen (siehe dazu z.B. den historischen Überblick bei Gonon 1992). Insofern müßte die Berufspädagogik auf die neuen Herausforderungen der ökonomischen Praxis, die auf eine konsequentere *Integration von Arbeiten und Lernen* drängt, gut vorbereitet sein. Diese Herausforderungen bestehen - stichwortartig umrissen - in folgendem:

- Mit ihrem sogenannten "Lean-Konzept" hat die japanische Wirtschaft bewiesen, daß man die Qualität der Produkte bei gleichzeitiger Kostenreduktion deutlich erhöhen kann (Pfeiffer/Weiß 1992, Womack/Jones/Roos 1991). Sie hat damit faktisch die Spielregeln der Weltwirtschaft verändert.

- Dieser Druck hat die US-amerikanischen und europäischen Unternehmen veranlaßt, sich für berufliches und vor allem für betriebliches Lernen in einer historisch gänzlich neuen Qualität zu interessieren. Nachdem die ökonomische Bedeutung des Faktors "Mensch" im Zusammenhang der Human-relations-Bewegung und des Human-resources-Ansatzes bereits seit der Mitte des Jahrhunderts erkannt wurde, wird in den letzten Jahren der Faktor "Lernen" als ökonomische "Wunderwaffe" gefeiert. Das Konzept der "lernenden Organisation" bzw. des "Organisationslernens" verspricht Rettung aus der Not (siehe z.B. Sattelberger 1991).

- Diese Situation ist eine Chance und zugleich auch eine Herausforderung für die Berufspädagogik. Sie muß betriebliches Lernen im Zusammenhang mit Technologie- und Organisationsentwicklung diskutieren (siehe dazu z.B. Fredecker 1991, Tilch 1993). Hierbei stellt sich die Frage, ob Lernen nur als *Qualifizierung* oder auch als *Bildung* konzipiert werden soll und was Qualifizierung und Bildung im Kontext von Technik- und Organisationsentwicklung im einzelnen meint. Von zentraler Bedeutung erscheint mir dabei die Frage nach dem *Subjekt*: Ist es weiterhin angemessen, sich nur auf das Individualsubjekt zu beschränken, oder ist es notwendig, auch ein Konzept eines Kollektivsubjekts, das berufspädagogisch zu qualifizieren und zu bilden ist, zu entwickeln? - Anlaß für derartige Fragen gibt die Diskussion um *Gruppenkonzepte* wie z.B. Lernstatt, Qualitätszirkel, flexible Fertigungsinseln u.ä. (siehe z.B. Deppe 1989, Peters/Jende/Paulinyi/Wedding 1991, Stötzel/Schneider 1991, Stürzl 1993). Ihre Grundidee ist die Integration zum einen von Arbeiten und Lernen und zum anderen von individuellen und gruppenkollektiven Aktivitäten.

Die mit diesen wenigen Stichworten umrissene Lage wirft die Frage auf, was heute und in Zukunft sinnvoll als *berufspädagogische Praxis* zu betrachten ist. Ganz offensichtlich läßt sich diese Frage nicht mehr mit Bezug auf das pädagogisch Institutionelle beantworten. Pädagogische Praxis ist mehr als das organisierte Lehren und Lernen in einem Feld, das primär nur diesem Zweck dient und das seine markante historische Ausprägung in Schule und Unterricht (siehe z.B. Petrat 1979, Leschinsky/Roeder 1976) gefunden hat. Lange schien dieses Paradigma pädagogischer Praxis ein *Gütekriterium pädagogischer Professionalität und Modernität* zu sein. Die Institutionalisierung pädagogischer Praxis in pädagogischen Organisationen oder zumindest in pädagogischen Organisationssegmenten ist bis in die jüngste Gegenwart ein Ziel, dem die Erwachsenenbildung und Berufs- und Wirtschaftspädagogik vorrangige Aufmerksamkeit widmet: Das Selbstverständnis der Erwachsenenbildung begründet sich ganz wesentlich auf die eigenen pädagogischen Institutionen, die sie hervorgebracht hat, allem voran die Volkshochschulen; - und entsprechend blickt die Berufs- und Wirtschaftspädagogik primär auf die Berufsschulen und bemüht sich darum, die betriebliche Ausbildung analog z.B. in Gestalt überbetrieblicher Ausbildungsstätten oder Lehrwerkstätten zu organisieren (siehe dazu auch die kritische Einschätzung von Wittwer 1992, S.33ff.). Grundlegend ist bei alledem der Gedanke, daß Arbeiten und Lernen nur dann pädagogisch fruchtbar zusammenspielen können, wenn man sie vorläufig separiert, um sie anschließend zu sequenzieren und dann wieder zu reintegrieren (siehe z.B. Preyer 1978). Die Aufgabe der Pädagogik ist in diesem Sinne, junge Menschen durch Berufsausbildung auf ihr Arbeitsleben vorzubereiten und ältere durch berufliche Weiterbildung für neue Arbeitsaufgaben zu qualifizieren. Es ist deshalb naheliegend, auch für die berufliche Weiterbildung Praxisräume zu fordern, die den Kriterien des Pädagogischen entsprechen und die Gestalt von institutionell eigenständigen Weiterbildungsschulen oder pädagogisch (teil-)autonomen Weiterbildungsschulungsabteilungen als quasi pädagogischen Provinzen oder Inseln innerhalb nicht-pädagogischer Institutionen, also Wirtschaftsbetrieben oder Verwaltungen, haben.

Dieses Kriterium pädagogischer Modernität und Professionalität wird durch eine ökonomische Praxis, die die Verzahnung und konzeptionelle Integration von Arbeiten und Lernen fordert und deshalb eine möglichst weitgehende Entfaltung des Arbeitsplatzes als Lernort bei gleichzeitiger "Verschlankung" betrieblicher Bildungsabteilungen anstrebt, massiv angegriffen. Der Ruf nach *Entschulung der betrieblichen Weiterbildung* und im weiteren auch der betrieblichen Ausbildung scheint nach den deutlichen Erfolgen der betrieblichen Bildung das Rad der Geschichte zurückdrehen zu wollen. Diese Gefahr muß sorgfältig beobachtet werden. Andererseits jedoch meine ich, daß die Forderung nach einem möglichst arbeitsplatznahen Lernen in Aus- und Weiterbildung nicht vorschnell diskreditiert werden sollte. Sicherlich widerspricht sie der bisherigen historischen Entwicklungslinie einer zunehmenden Institutionalisierung (teil-) autonomer pädagogischer Praxisfelder. Welche Gründe aber sprechen dafür, diese Entwicklungslinie in die Zukunft bruchlos fortführen zu wollen?

Diese Frage lenkt den Blick auf die Grundsatzfrage, was pädagogische Praxis ist, in welcher Beziehung sie zur ökonomischen Praxis steht und welche Bedeutung der traditionelle Begriff "Bildung" heute haben kann. Die Antwort, die ich im folgenden auf diese Frage geben werde, läßt sich stichwortartig so umreißen: Die heute vorliegende gesellschaftliche Praxis ist das vorläufige Resultat eines historisch entfalteten Ausdifferenzierungsprozesses, der vor allem seit der ersten industriellen Revolution im 19. Jahrhundert der Strategie einer rekursiven Segmentierung in sich zunehmend institutionalisierende Spezialpraxen mit dem Folgeproblem ihrer nachgängigen Reintegration folgte. An diesem Muster orientierten sich nicht nur die modernen Wirtschaftsbetriebe und öffentlichen Verwaltungen, sondern auch die Pädagogik, deren Struktur heute durch eine Vielzahl von Spezialpädagogiken gekennzeichnet ist, die jede für sich ihre Praxis in wiederum vielfältige Aufgaben- und Lernfelder gliedern. Diese Differenzierungsstrategie, die lange als Gütekriterium der Moderne galt, wird heute durch eine ökonomische Praxis, die durch intensiviert qualitäts- und kostensensible Managementpraktiken (siehe z.B. Bühner 1993; Frehr 1993) und durch Konzeptionen eines ganzheitlichen Managements (siehe z.B. Bleicher 1992; Malik 1992) herausgefordert wird, in Frage gestellt. Für die Berufspädagogik bzw. berufliche Erwachsenenbildung heißt das: Ausgehend von einem Management, das der Segmentierungsstrategie des Taylorismus und (Neo-)Fordismus eine grundsätzliche Absage erteilt zugunsten des Paradigmas eines ganzheitlichen Managements, wird es fraglich, ob es weiterhin sinnvoll ist, Lernprozesse in ihrer sachlichen, sozialen und zeitlichen Dimension rekursiv zu segmentieren und dabei das Folgeproblem einer nachgängigen Reintegration einzugehen. Diese Rückfrage zielt auf das Verhältnis von Arbeiten und Lernen, von Qualifizierung und Bildung und von individuellen und kollektiven Lern- und Arbeitsprozessen. Im Anschluß an erste grundlegende Denkimpulse von Arnold (1991) ist zu diskutieren, ob die traditionelle Sequenzierung von Lernen und Arbeiten in der beruflichen Aus- und Weiterbildung noch zeitgemäß ist, ob die Auffassung noch vertreten werden kann, daß Qualifizierung fachliches Spezialwissen und -können im Auge haben müsse und Bildung dessen nachgängige Integration zu einem harmonischen Ganzen zu leisten habe, und ob das primäre Aufgabenfeld der Pädagogik weiterhin der einzelne Lerner oder aber gleichermaßen auch das organisationelle Kollektiv, also die Arbeitsgruppe, die Abteilung und schließlich die gesamte Organisation sein sollte.

2. Zur Verhältnisbestimmung von ökonomischer und pädagogischer Praxis

Auf die Frage, was Praxis im allgemeinen sei, gibt Dietrich Benner in seiner Allgemeinen Pädagogik folgende Antwort:

"Eine Tätigkeit kann dann als Praxis bezeichnet werden, wenn sie erstens in einer Imperfektheit des Menschen ihren Ursprung, ihre Notwendigkeit hat, diese Not wendet, die Imperfektheit aber als solche nicht aufhebt, und wenn sie zweitens den Menschen in einer Weise bestimmt, daß diese Bestimmung durch die Tätigkeit selbst erst hervorgebracht wird, also nicht unmittelbar aus der Imperfektheit resultiert" (Benner 1987, S. 27).

In diesem Sinne kann man die Imperfektheit aller menschlichen Praxis, d.h. die Differenz zwischen Anspruch und Wirklichkeit bzw. zwischen Idee und Realisierung als den zentralen Anlaß für die Ausdifferenzierung von Praxis in Spezialpraxen betrachten: Der Mangel erwünschter Güter und Dienstleistungen wird zum Anlaß für die Entwicklung einer ökonomischen Praxis; die Defizite des kompetenten Umgangs des Subjekts mit seinem sachlichen und sozialen Kontext und auch mit sich selbst wird zum Anlaß für die Entwicklung einer pädagogischen Praxis; und die Schwächen beim Zusammenschluß einzelner in Organisationen wird zum Anlaß für die Entwicklung einer Managementpraxis. Jede dieser drei Spezialpraxen ist genauso wie die Gesamtpraxis jeweils in sich imperfekt, was zur Entstehung weiterer Spezialpraxen führen kann. Dieser Differenzierungsprozeß kann sich als Segmentierung oder Pluralisierung vollziehen.

Die Differenzierungsstrategie der *Segmentierung* der betrieblichen Praxis ist vor allem durch den Taylorismus, Fordismus und Neofordismus entwickelt worden. Der Rat, den Taylor den Betrieben gab, bestand darin, sich zu modernisieren, indem die Erstellung von Gütern und Dienstleistungen nicht mehr wie in der Tradition des zünftischen Handwerks ganzheitlich, sondern nach den neuen Erkenntnissen einer wissenschaftlichen Betriebsführung möglichst arbeitsteilig erfolgen sollte. Dazu war es erforderlich, die Gesamtheit der vom Betrieb zu vollziehenden Operationen zunächst zu bilanzieren und anschließend möglichst wirtschaftlich in Aufgabenbündel zu segmentieren. Das zentrale Kriterium war für Taylor dabei dasjenige der Spezialisierung. Diese Modernisierungsempfehlung Taylors verband sich im folgenden mit der Erkenntnis der Bürokratieforschung, das Taylorsche Prinzip der Segmentierung auch zum Aufbauprinzip von Organisationen zu machen. Der Fordismus und Neofordismus übernahm von Taylor allerdings nur den Rat, die Arbeit der Arbeiter möglichst weitgehend zu spezialisieren, nicht aber seine Empfehlung einer funktionalen Organisationsstruktur, die die Spezialisierung auch an die Führungskräfte heranträgt. Als modern setzte sich die Linienorganisation durch, die das Segmentierungsprinzip top-down realisierte und mit seiner rekursiven Anwendung zu hierarchisch geschachtelten Aufbauorganisationen führte.

Dieses Prinzip einer rekursiven Segmentierung ließ sich in Organisationen universell anwenden. Es erfaßte deshalb auch die betriebliche Bildung, die bei entsprechender Größe des Betriebs in Gestalt einer Bildungsabteilung mit untergeordneten Gruppen in Erscheinung trat. Auf diese Weise wurde Arbeiten und Lernen, das bereits durch die institutionelle Ausdifferenzierung der gesellschaftlichen Gesamtpraxis in Schulen und Betriebe getrennt war, innerhalb der Betriebe noch einmal segmentiert (vgl. Hölterhoff/Becker 1986, S. 223ff.).

Das Folgeproblem einer jeden Segmentierung ist die Frage, wie die segmentierten Spezialpraxen nachgängig wieder zu einem Ganzen zusammengeschlossen werden können. Diese Aufgabe wies der Fordismus und Neofordismus in konsequenter Anwendung des Segmentierungsprinzips ebenfalls Spezialisten zu, nämlich Organisationsspezialisten. Damit schien die Leistungsfähigkeit der Ausdifferenzierung durch rekursive Segmentierung besiegelt und *das* Organisationsmodell der Moderne gefunden zu sein.

Diese Euphorie ist seit einigen Jahren verflogen. Ursache dafür war nicht so sehr die Tatsache, daß das beschriebene Organisationsmodell erstens mit hohen Kosten infolge der unmittelbaren Unproduktivität der Führung für den primären Wertschöpfungsprozeß und zweitens mit erheblichen Reibungsverlusten infolge komplexer Abstimmungsprozesse zwischen den verschiedenen Spezialisten verbunden ist, sondern die Tatsache, daß die fernöstliche Konkurrenz bewies, daß man sich mit diesen Schwächen nicht unbedingt abfinden muß, sondern daß sie mit Hilfe eines alternativen Organisationsmodells überwindbar sind (Pfeiffer/Weiß 1992). Es beruht auf dem Gedanken, die Ausdifferenzierung der betrieblichen Praxis nicht allein durch rekursive Segmentierung, sondern zusätzlich bzw. verstärkt durch *Pluralisierung* zu betreiben, also durch eine Strategie, die im Gegensatz zur Segmentierung nicht auf Zergliederung und Spezialistentum, sondern auf Ganzheitlichkeit und Generalistentum setzt. Pluralisierung bedeutet in der *sachlichen* Dimension erstens Job-enlargement, indem die Aufgabenprofile breiter geschnitten werden, so daß ein plurales kollegiales Job-rotation und damit ein sehr viel flexiblerer Arbeitseinsatz des Teams möglich wird, und zweitens bedeutet es Job-enrichment, indem jeder Mitarbeiter neben seinen operativen auch dispositive Aufgaben wahrnimmt und damit der konfliktsensible Dualismus von Vorgesetzten und Untergebenen bzw. Führern und Geführten entschärft und so die synergetischen Kräfte der Organisation gestärkt werden. Dieser Aspekt führt zur *sozialen* Dimension der Pluralisierung: Nicht mehr der einzelne ist der letzte Adressat und Träger betrieblicher Entscheidungen, Problemstellungen und Prozesse, sondern das Kollektiv, d.h. das Team, die Abteilung, die Filiale und schließlich die gesamte Organisation. In der *zeitlichen* Dimension schließlich meint Pluralisierung die Abkehr von einer zeit- und kostenraubenden Sequenzierung zu einer möglichst weitgehenden Parallelisierung verschiedenster Prozesse.

Für betriebliche Bildungsprozesse stellen sich im Rahmen dieses alternativen Organisationsmodells vor allem folgende drei Aufgaben: Erstens muß es gelingen, die bisherige Sequenzierung von Lernen und Arbeiten möglichst weitgehend zu parallelisieren, um die Kosten für betriebliches Lernen zu minimieren bei gleichzeitiger Erweiterung seines Umfangs. Der Arbeitsplatz muß deshalb konsequent und systematisch als Lernort konzipiert und gestaltet werden. Daraus ergibt sich die zweite Forderung eines Job-enlargement derart, daß es zu den Aufgaben eines jeden Mitarbeiters gehört, neben seinen operativen Aufgaben auch die strategische Aufgabe einer kontinuierlichen Arbeitsverbesserung (KVP, Kaizen) zu übernehmen und die dafür erforderlichen Lernprozesse zu vollziehen. Dieses Job-enlargement muß mit einem Job-enrichment korrespondieren, das darin besteht, daß jeder Mitarbeiter zusätzlich auch die Führungsaufgabe übernimmt, die im Rahmen kontinuierlicher Verbesserungsprozesse notwendigen Lernprozesse der Kollegen pädagogisch zu unterstützen. Die wechselseitige Verschränkung betrieblichen Lernens und "Lehrens" am Arbeitsplatz führt schließlich zu der dritten Aufgabe, didaktische Methoden und Designs zu entwickeln und (ständig verbessernd) anzuwenden, die sowohl den einzelnen wie auch das Team, die Abteilung und nicht zuletzt die gesamte Organisation als Lerner ansprechen. Wie diese drei Aufgaben einer zukunftsweisenden betrieblichen Bildung erziehungswissenschaftlich begründet wahrgenommen und gestaltet werden können, werde ich in den folgenden Abschnitten versuchen darzulegen.

Insgesamt wird also deutlich: Die sich gegenwärtig abzeichnende Notwendigkeit, die Beziehung von beruflichem Lernen und Arbeiten neu zu fassen, verlangt eine konzeptionelle Reformulierung der Beziehung zwischen ökonomischer und pädagogischer Praxis. Die Trennung von Lernen und Arbeiten, von Schule und Betrieb und von Pädagogik und Ökonomie ist kein unumstößlicher Sachzwang, sondern muß als eine durch bestimmte historische Besonderheiten bedingte Erscheinung interpretiert werden, die als Reflex der grundsätzlichen Imperfektheit aller gesellschaftlichen Praxis durch die akzentuierte Anwendung nur einer der beiden sich anbietenden gesellschaftlichen Differenzierungsstrategien, nämlich der Segmentierungsstrategie bei zunehmender Zurückdrängung der zuvor vorherrschenden Pluralisierungsstrategie erklärbar ist. Zu betonen ist dabei allerdings, daß der Sieg der einen über die andere Strategie niemals total sein kann. Denn auch die rigideste tayloristische Arbeitsteilung kann an ihren Grenzen nicht ohne ein gewisses Mindestmaß an Pluralisierung auskommen. Kein Organisator kann alle Praxiskonstellationen erfassen und ein so dichtes Regelwerk entwerfen, daß absolut jede Situation bis in alle Einzelheiten bestimmt und reguliert wird. Der Organisator ist deshalb darauf angewiesen, daß die Organisationsmitglieder die Freiheitsnischen, die er ihnen zuweist und deren Grenzen er durch standardisierte Organisationsstrukturen festlegt, eigenständig ausfüllen (vgl. Sydow 1985). Jede Segmentierung stößt in der Praxis an die Grenze ihres eigenen Prinzips, weil Segmentierung nicht unendlich rekursiv auf sich selbst angewandt werden kann, sondern aus pragmatischen Gründen an einer bestimmten Stelle gestoppt werden muß, nämlich dort, wo die Kosten für die Integration der zuvor getrennten Spezialpraxen zu sehr steigen. Auf diese Weise entstehen Praxisfelder, d.h. Arbeitsplätze, deren weitere Ausdifferenzierung auf das Prinzip der Pluralisierung umsteigen muß. Auch bei großer Spezialisierung und erheblicher Reglementierung der jeweiligen Arbeit bleiben letztlich immer Restfreiheitsräume, die die Organisationsmitglieder selbst organisieren müssen, und zwar zum einen jeder für sich und zum anderen kooperativ miteinander. Diese Aufgabe ist nicht kalkulierbar, sie ist jedes mal anders und einzigartig. Sie läßt sich deshalb nicht durch Routine, sondern nur durch Lernen bewältigen. Man kann deshalb sagen: Jede Segmentierung stößt auf pragmatische Grenzen, die ein Umschalten auf das alternative Organisationsprinzip der Pluralisierung notwendig machen. Die Segmentierung der Praxis in Spezialbereiche des Arbeitens, des Lernens und des Organisierens kann aus diesem Grunde nur zu relativ grobmaschigen Organisationsmustern führen. Die Ausdifferenzierung ihrer Mikrostrukturen ist auf das Organisationsprinzip der Pluralisierung angewiesen, so daß auch in den rigidesten Formen tayloristischer bzw. (neo-)fordistischer Arbeitsteilung jeder Arbeiter mikro-organisationell betrachtet zumindest in Ansätzen immer auch Organisator und Lerner ist.

Die Beziehung zwischen pädagogischer und ökonomischer Praxis läßt sich also auch bei fortgeschrittener Segmentierung nicht als grundsätzliche Getrenntheit konzipieren, weil jede Arbeitssituation zumindest in Ansätzen die Aufgabe mitbeinhaltet, zu lernen und sich zu organisieren. Betriebliche Praxis läßt sich deshalb grundsätzlich nicht in eine strikt ökonomische und in eine strikt pädagogische Aufgabenstellung zergliedern, sondern macht es notwendig, die Praxis in Betrieben als eine ökonomische *und* pädagogische Frage anzusehen. (vgl. dazu die Gedanken von Beck 1993, S. 9 ff. zum "*entweder-oder*" und zum "*und*".) Fraglich ist nicht die "Koexistenz" ökonomischer und pädagogischer Praxis im Betrieb, sondern ihr Bedeutungsverhältnis und die Organisation ihrer Beziehung. Die Beantwortung dieser Frage signalisiert die Modernität betrieblicher Praxis. Galt es in der bis vor kurzem noch uneingeschränkt vorherrschenden Industriegesellschaft als fortschrittlich, die Differenzierungsstrategie der Segmentierung konsequent auf Arbeiten, Organisieren und Lernen anzuwenden, kommen wir heute in der heraufziehenden Risikogesellschaft (Beck 1986, 1993) zu der veränderten Auffassung, daß die Segmentierungsstrategie, die man mit Beck (1993) als eine Strategie des "entweder-oder" bezeichnen kann, möglichst weitgehend durch eine Strategie des "und", d.h. durch eine Arbeiten, Lernen und Organisieren möglichst eng verzahnende Pluralisierungsstrategie ersetzt werden sollte.

3. Arbeiten und Lernen

Die von der ökonomischen Praxis geforderte Reintegration von Arbeiten und Lernen bedarf einer erziehungswissenschaftlich-konzeptionellen Begründung, die anschlußfähig ist für die oben skizzierten organisations- und managementtheoretischen Überlegungen und die in diesem Sinne einen Ausgangspunkt fixiert, von dem aus auch die zweite oben identifizierte Integrationsaufgabe, nämlich individuelle und kollektiv-organisationelle Prozesse wechselseitig zu vermitteln, aussichtsreich aufgenommen werden kann. Als Ansatzpunkt für die Entwicklung einer solchen Konzeption wähle ich die Konstrukte der

- "*vollständigen Handlungsstruktur*" und der
- "*vollständigen Kooperationsstruktur*".

Ich schließe damit an Überlegungen der Handlungsregulationstheorie von Hacker (1986) an und versuche, sie *systemtheoretisch* zu reformulieren, um damit die Möglichkeit zu haben, Arbeiten und Lernen gleichermaßen auf Individual- wie auch auf Kollektivsubjekte, also Teams, Abteilungen und Organisationen auslegen zu können.

Die psychologische Theorie der Handlungsregulation ist ein Versuch, die psychischen Prozesse von Handlungen, und zwar vor allem von Arbeitshandlungen durchsichtig zu machen, um hiervon ausgehend die Frage beantworten zu können, welche Bedingungen und Arrangements sich bei der Entwicklung von Handlungskompetenz als günstig bzw. hinderlich erweisen. Dieses Erkenntnisinteresse legt es nahe, daß die Berufspädagogik und hier vor allem die Didaktik des beruflichen Lehrens und Lernens die Handlungsregulationstheorie rezipiert hat (siehe z.B. Bauer / Bojanowski / Herz / Herzer 1993, S. 66ff., Ebner 1992, Felfe 1992, Heeg/Münch 1993, S. 191ff., Höpfner 1991). Es wird dabei von der Überlegung ausgegangen, daß die Aktivität "Handeln" aus mehreren idealtypisch rekonstruierbaren Teilaktivitäten besteht, die - trotz gewisser Profilierungsdifferenzen - bei der Entwicklung neuer Handlungsfähigkeiten im Prinzip alle zu berücksichtigen sind. Die Frage, um welche Teilaktivitäten es sich dabei handelt, wird von den verschiedenen Autoren nicht ganz einheitlich beantwortet. So schlägt z.B. Ebner vor, zwischen einer inhaltlichen und zyklischen Vollständigkeit der Handlung zu unterscheiden, wobei die inhaltliche Vollständigkeit der Handlung aus den drei Parametern

- der fachlichen Handlungsfähigkeit,
- der sozialen Handlungsfähigkeit
- und der ethisch-reflexiven Handlungsfähigkeit

besteht (Ebner 1992, S. 42). Die zyklische Vollständigkeit der Handlung (ebd. S. 45ff.) hingegen drückt sich in den vier Phasen

- der Zielbildung/Zielstellung,

- der Planung,
- der Ausführung und
- der Kontrolle/Bewertung aus.

Eine nicht grundsätzlich, aber in ihren Einzelheiten etwas andere Antwort auf die Frage nach der Vollständigkeit einer Handlung geben Bauer/Bojanowski/Herz/Herzer (1993, S. 66ff.) mit ihrem achtphasigen Modell, das folgende handlungskonstitutive Einzelaktivitäten ausweist:

- Begegnung mit der Arbeitsaufgabe,
- Entwicklung der Konzeption (Arbeitsplan),
- Entschluß, den Arbeitsplan zu realisieren,
- Durchführung der Arbeit,
- Wahrnehmung, Betrachtung und Prüfung des Arbeitsprozesses und -ergebnisses,
- Bewertung, Beurteilung, Korrektur des Arbeitsprozesses und -ergebnisses,
- Ablösung, Beendigung der Arbeit,
- Erholung, innere Verarbeitung, inneres Wachstum.

Diese Rekonstruktionen der Aktivität "Arbeitshandlung" möchte ich mit den Erkenntnissen der Systemtheorie Luhmanns (1984) verbinden und den Vorschlag machen, Arbeiten als einen Prozeß zu konzeptionalisieren, der aus *sieben idealtypisch rekonstruierbaren Einzelaktivitäten* besteht. Sie haben eine doppelte Konstitutionsfunktion, nämlich zum einen das Arbeitsobjekt und zum anderen das arbeitende Subjekt zu konstituieren. Die Beziehung zwischen beiden läßt sich in der Sprache der allgemeinen Systemtheorie als System/Umwelt-Differenz beschreiben. Das Arbeitsobjekt konstituiert sich durch Aktivitäten, die vom Subjekt ausgehend sich in dreierlei Hinsicht dem Kontext des Subjekts zuwenden, indem erstens die vorliegende Realität rekonstruiert wird, ihr zweitens das Ideal einer wünschenswerten Realität entgegengestellt und drittens diese Differenz, die Benner - wie oben dargestellt - als Imperfektheit bezeichnet, durch

systematisch begründetes und geplantes Arbeiten verringert wird. Diese Leistungen vollziehen sich im Medium der Aktivitäten
- des Wahrnehmens der Realität,
- des Analysierens des so Wahrgenommenen,
- des Planens einer besseren Realität
- und des sensomotorischen Handelns in der Realität, um diese zu verbessern.

(Siehe dazu auch die detaillierten Ausführungen bei Geißler 1994a, S. 170 ff.)

Diese vier arbeitsobjektbezogenen Aktivitäten müssen in ihrem Vollzug koordiniert und reguliert werden. Arbeiten besteht also nicht nur aus arbeitsobjektbezogenen fremdreferentiellen, sondern auch aus selbstreferentiellen Aktivitäten, die sich auf erstere beziehen und auf diese Weise ein Arbeitssubjekt konstituieren (vgl. Bild 1: "Arbeitswelt"). Das wird geleistet durch die Aktivitäten

- des Wollens (also des wahrnehmen, analysieren, planen und handeln Wollens)
- des sich emotional (von den vollzogenen Aktivitäten des Wahrnehmens, Analysierens, Planens und Handelns) berühren und bewegen Lassens, also des Empfindens
- und des Ausgehens von letztlichen Gewißheiten bezüglich der Realität, also des Glaubens.

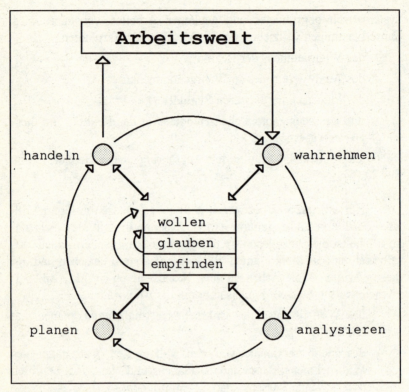

Bild 1: Arbeitswelt

Mit Hilfe dieser insgesamt sieben Aktivitäten und ihrer Bündelung zu einem (Wahrnehmen, Analysieren, Planen und Handeln umfassenden) kognitiv-sensomotorischen Aktivitätskomplex mit seinen objektkonstituierenden und -bearbeitenden Funktionen und einem (Wollen, Empfinden und Glauben beinhaltenden) paradigmatisch-motivational-emotionalen Komplex mit seinen subjekt-konstituierenden und -entwickelnden Funktionen läßt sich das Modell der "*vollständigen Arbeitshandlung*" weitergehend systematisieren, wenn in einem nächsten Argumentationsschritt nach den Bedingungsmöglichkeiten von *Arbeitslernen* gefragt wird. Denn jenes Modell bezieht sich genauso wie die von mir in die Diskussion gebrachten beiden Aktivitätskomplexe zunächst einmal nur auf Arbeiten. Arbeiten ist konzeptionell aber etwas anderes als Lernen, denn Arbeiten zielt auf die Bearbeitung von materiellen und/oder geistigen Arbeitsobjekten, während Lernen die Verbesserung der dazu notwendigen Fähigkeiten meint. Lernen ist also ein Prozeß, der sich notwendigerweise im Medium von Arbeiten vollziehen, gleichzeitig aber dabei über ihn hinausgehen muß und ihm insofern funktional übergeordnet ist. Ein erstes Merkmal von Arbeitslernen ist in diesem Sinne die Veränderung der Fähigkeit des arbeitenden Subjekts, die Aktivitäten des arbeitsobjektbezogenen Wahrnehmens, Analysierens, Planens und Handelns je einzeln für sich und in ihren Sequenzen erweitern und/oder umstrukturieren zu können.

Eine derartige Veränderung der Arbeitsfähigkeiten des Subjekts kann sich nur in einem Prozeß vollziehen, in dem das Subjekt in einem Akt (zumindest rudimentärer) *Selbstreflexion* seine primäre Aufmerksamkeit vom Arbeitsobjekt auf den Vollzug seiner eigenen Arbeitsaktivitäten, also auf sich selbst verlagert. Arbeitslernen ist wie jedes Lernen ohne (zumindest rudimentäre) Selbstreflexion undenkbar. Damit ist die von der Pädagogik (siehe z.B. Koch 1988; Marotzki 1990; Prange 1978) immer wieder angemahnte und von der Lernpsychologie erst jüngst durch Holzkamp (1993) aufgenommene Frage nach dem Lernsubjekt in den Mittelpunkt des Interesses gerückt. Diese Frage läßt sich mit Blick auf lerntheoretische Überlegungen von Bateson (1981a, 1981b) systemtheoretisch so beantworten, daß dabei, wie im folgenden mit Marotzki (1990) gezeigt werden soll, auch an die Tradition des erziehungswissenschaftlichen Diskurses um Qualifizierung und Bildung angeschlossen werden kann.

Bateson hat versucht, ein Modell von Lernen zu entwickeln, dem der Gedanke zugrunde liegt, daß alle Aktivitäten, und damit auch alle Lernaktivitäten, einen Rahmen erfordern, der sie zu einer relativen Einheit zusammenschließt. Dieser Rahmen besteht selbst aus Aktivitäten, die ihrerseits nicht ohne einen übergeordneten integrierenden Rahmen vollzogen werden können. Auf der Basis dieses Grundgedankens entwickelt Bateson ein Lernmodell, das aus einer Reihe hierarchisch geschachtelter Ebenen besteht. Die Rezeption dieses

Modells hat sich auf die ersten drei Ebenen konzentriert, die ich mit Bezug auf meine bisherigen Ausführungen zum Arbeiten und Arbeitslernen so umreißen möchte:

- Lernen I (*single-loop learning*) meint diejenigen Prozesse, die man alltagssprachlich primär im Sinn hat, wenn man über Lernen spricht: die Verbesserung der Fähigkeiten des Subjekts, mit den Aufgaben und Chancen seiner Welt umzugehen.
- Während Lernen I sich im Rahmen bestimmter Lernmethoden und -strategien vollzieht, werden diese im Rahmen von Lernen II (*double-loop learning*) problematisiert und damit zu einer Lernaufgabe. Das Subjekt lernt zu lernen.
- Single-loop learning und double-loop learning beziehen sich auf den lernenden Umgang des Subjekts mit der Welt, - und zwar im unproblematisierten Rahmen der vom Subjekt gewählten paradigmatischen Vorannahmen. Werden auch diese nun noch problematisiert und für Lernen erschlossen, liegt Lernen III (*deutero learning*) vor.

An diesen Versuch einer logischen Rekonstruktion von Lernen möchte ich anschließen und den Vorschlag machen, die Gesamtkomplexität dieses Phänomens sozusagen schichtenweise abzutragen. Ich folge dabei dem Grundgedanken Batesons, daß Lernen ein Prozeß ist, der aus mehreren hierarchisch miteinander bzw. ineinander verschachtelten Teilprozessen besteht. Bezüglich jedes Teilprozesses lassen sich im Anschluß an Luhmann jeweils ein Subjekt- und ein Objektbereich und eine dementsprechende Innen/Außen-Differenz ausweisen. Dieser Strukturaufriß führt zu der Problemerkenntnis, daß das Subjekt nur seinen Objektbereich bewußt erkennen und gestalten kann, nicht aber seinen Subjektbereich. Letzterer entwickelt sich unerkannt in einem mitgängigen Lernen, das alle objektbezogenen Aktivitäten hintergründig begleitet. Dieses Defizit läßt sich - annäherungsweise - nur dadurch beheben, daß das Subjekt versucht, sich seines Subjektbereiches bewußt zu werden, indem es ihn - soweit das möglich ist - in den Objektbereich hineinträgt, ohne dabei allerdings die sich dabei vollziehenden Aktivitäten und den sie tragenden Subjektbereich erkennen zu können. Das Erkenntnisproblem, um das es hier geht, gleicht also dem Wettlauf zwischen Hase und Igel. Der Hase kann den Igel nicht einholen, weil er vorgängig immer schon da ist. Analog kann man sagen, daß Selbsterkenntnis streng genommen nie gelingen kann, weil das erkennende Selbst immer ein anderes sein muß als das erkannte Selbst. Diese Problematik ist für Lernen konstitutiv.

Wenn man davon ausgeht, daß Lernen sich erstens im Medium von Arbeiten, d.h. in der Auseinandersetzung mit einem materiellen oder geistigen Objekt vollziehen muß und daß dabei zweitens die Prozeßebene des Arbeitens überschritten werden muß, indem das Subjekt sich selbstreflexiv mit seinen eigenen Arbeitsaktivitäten auseinandersetzt, läßt sich als eine erste elementare Lernebene das *arbeitsobjektkonstituierende Arbeitslernen* rekonstruieren. Es ist ein Prozeß, in dem das Subjekt sich auf diejenigen Aktivitäten konzentriert, mit deren Hilfe es sein (materielles und/oder geistiges) Arbeitsobjekt bearbeitet, nämlich die Aktivitäten des Wahrnehmens, Analysierens, Planens und Handelns. Sie werden zum Objekt seiner Reflexion, d.h. zum Inhalt seines Lernens. Die Auseinandersetzung mit ihm erfolgt im Medium von Lernaktivitäten, die, wie schon angesprochen, allerdings selbst verborgen bleiben, weil sie nicht im Objektbereich seiner Reflexion liegen. Auf diese Weise konstituiert das Subjekt das *Lernobjekt* seiner arbeitsobjektbezogenen Aktivitäten. Es ist ein Prozeß, in dem sich nicht nur dieses Lernobjekt, sondern gleichzeitig, d.h. hintergründig mitgängig auch die Persönlichkeit des *Lernersubjekts* konstituiert. Dieser zweite Konstitutionsprozeß ist ebenfalls ein Lernprozeß. Lernen ist also immer sozusagen ein doppelbödiger Prozeß: es besteht aus der Arena des Objektbereichs, der bewußtseinsmäßig hell ausgeleuchtet ist, und einem Hintergrund bzw. Untergrund, in dem sozusagen die Ausleuchter wirken und dabei im Dunkeln unerkannt bleiben. Der Lernprozeß des Lernersubjekts besteht in diesem Sinne aus der Arena eines bewußten Arbeitslernens und dem Hintergrund eines nicht bewußtseinsfähigen, hintergründig mitgängigen Lernens des Lernersubjekts (vgl. Bild 2: "arbeitsobjektkonstituierendes Arbeitslernen").

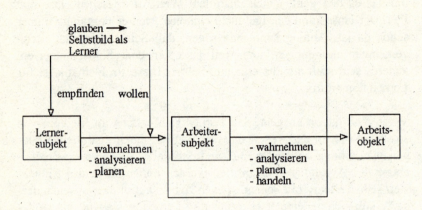

Bild 2: arbeitsobjektkonstitutierendes Arbeitslernen

Beim arbeitsobjektkonstitutierenden Arbeitslernen stehen nicht alle Aktivitäten des Arbeitersubjekts und seiner Auseinandersetzung mit dem (materiellen und/oder geistigen) Arbeitsobjekt in der Arena des lernenden Bewußtseins. Es sind nur die arbeitsobjektbezogenen Aktivitäten, die vom Arbeitersubjekt ausgehend sich auf das Arbeitsobjekt richten, nicht aber diejenigen Aktivitäten, die jene identitätsbildend zusammenfügen und zusammenhalten. Kurz: Beim arbeitsobjektbezogenen Lernen reflektiert das Lernersubjekt nur seine arbeitsobjektbezogenen Aktivitäten und nicht seine Arbeiteridentität und die sie konstituierenden Aktivitäten. Treten letztere in die Arena des Bewußtseins, liegt ein *arbeitersubjektkonstitutierendes Arbeitslernen* vor. Das Lernersubjekt thematisiert sich also als Arbeitersubjekt, indem es die Aktivitäten des Arbeitenwollens, der Empfindungen, die das Subjekt beim Arbeiten macht, und der grundlegenden Vorstellungen über das Arbeitsobjekt und die es umschließende Arbeitswelt reflektiert und diese drei Aktivitäten zum Inhalt seines Lernens macht. Die Arena, die das Lernersubjekt betrachtet und mit der es sich lernend auseinandersetzt, ist im Rahmen dieses Lernens ein Raum mit zwei Bereichen. Es ist im Inneren der Bereich der arbeitsobjektbezogenen Aktivitäten (des Wahrnehmens, Analysierens, Planens und Handelns) und der ihn umgebende, rahmensetzende Bereich der arbeitersubjektkonstituierenden Aktivitäten (des Wollens, Empfindens und Glaubens). Genauso wie beim arbeitsobjektkonstituierenden Arbeitslernen muß auch beim arbeitersubjektkonstituierenden Arbeitslernen ein Subjekt- und ein Objektbereich unterschieden werden, also eine bewußtseinsmäßig ausgeleuchtete Arena der Lerninhalte und ein Hintergrund bzw. Untergrund der jene Inhalte bearbeitenden Lerneraktivitäten, die sich in diesem Bearbeitungsprozeß unbemerkt mit verändern, d.h. sich in einem hintergründig mitgängigen Lernprozeß weiterentwickeln (vgl. Bild 3: arbeitersubjektkonstituierendes Arbeitslernen).

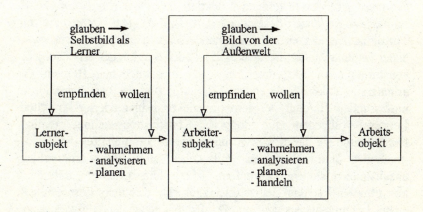

Bild 3: arbeitersubjektkonstituierendes Arbeitslernen

Wenn das Lernersubjekt sich mit seinen arbeitsobjekt- und arbeitersubjektkonstituierenden Aktivitäten befaßt und sie lernend thematisiert, vollzieht es dabei Lernaktivitäten, die selbst noch gänzlich im Dunkeln liegen. Denn das Lernersubjekt bezieht sich nur auf Arbeitsaktivitäten, rückt sie in die Arena seines Bewußtseins und erschließt sie so für bewußt initiierte, gestaltete und kontrollierte Lernprozesse. Die dabei vollzogenen Lernaktivitäten hingegen bleiben für das Lernersubjekt unerkennbar. Um auch sie dem Bereich eines bewußten Lernens zugänglich zu machen, muß sich das Subjekt von sich als Lernersubjekt distanzieren und die übergeordnete Position des *Selbsterziehersubjekts* einnehmen. Nur so kann es die Arena seines lernenden Bewußtseins um einen weiteren Schritt verbreitern, indem es auch diejenigen Aktivitäten in das "Scheinwerferlicht" jener Arena rückt, mit deren Hilfe es die Lerninhalte seines arbeitsobjekt- und arbeitersubjektkonstituierenden Lernens begründet und entwickelt. Es sind die Aktivitäten des Wahrnehmens, des Analysierens und Planens derjenigen Lerninhalte sowie Lernverfahren, -methoden und -strategien, die sich auf die verschiedenen Arten und Erscheinungen von Arbeitsprozessen beziehen. Ich möchte dasjenige Lernen, das diese Aktivitäten lernend reflektiert, als *lernstrategiekonstituierendes Arbeitslernen* bezeichnen (vgl. Bild 4). Die Arena bzw. die Thematik, mit der es sich auseinandersetzt, besteht aus drei ineinander verschachtelten Bereichen. Es ist der Bereich der arbeitsobjektkonstituierenden Aktivitäten, der ihn umschließende Bereich der arbeitersubjektkonstituierenden Aktivitäten und der diesen wiederum umfassenden Bereich der lernstrategiekonstituierenden Aktivitäten. Letztere vollziehen eine doppelte Konstitutionsleistung: explizit konstituieren sie die arbeitsprozeßbezogenen Lerninhalte, -verfahren, -methoden und -strategien, mit denen sich das Lernersubjekt auseinandersetzt, und implizit, d.h. hintergründig mitgängig konstituieren sie das Selbsterziehersubjekt, das dem Lernersubjekt einen richtungsweisenden und Maßstäbe setzenden Entwicklungsrahmen gibt.

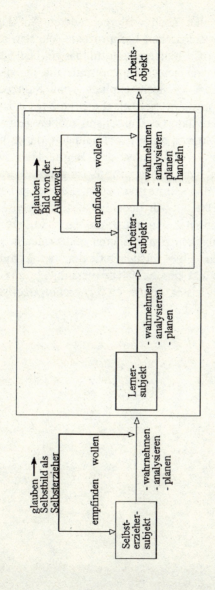

Bild 4: lernstrategiekonstituierendes Arbeitslernen

Das Subjekt, das an einer noch weitergehenderen Aufklärung der seinem Bewußtsein verschlossenen Lernprozesse, die sein arbeitsobjektkonstituierendes Lernen hintergründig mitgängig begleiten, interessiert ist, muß die Arena seines Bewußtseins um einen nächsten Schritt erweitern, indem es sich explizit vom Standpunkt des Selbsterziehersubjekts aus mit sich als Lernersubjekt auseinandersetzt und dabei die Aktivitäten des arbeitsprozeßbezogenen Lernenwollens ebenso reflektiert wie seine Empfindungen, die es beim Finden und Erfinden, beim Analysieren und Begründen sowie beim Planen und Gestalten von arbeitsprozeßbezogenen Lerninhalten, -verfahren, -methoden und -strategien macht. Zu diesen beiden Aktivitäten kommt schließlich noch diejenige des Glaubens, d.h. des Operierens mit den Vorannahmen hinzu, die das Bild, das das Subjekt von seinen Lernfähigkeiten im engeren und weiteren Sinne hat, formen und bestimmen. Eine solche Reflexion der Lerneridentität kann nur vom Standpunkt des Selbsterziehersubjekts aus erfolgen. Den Prozeß, der dieses leistet, nenne ich *lernersubjektkonstituierendes Arbeitslernen* (vgl. Bild 5).

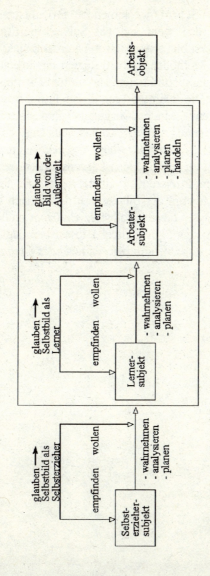

Bild 5: lernersubjektkonstituierendes Arbeitslernen

Ein nächster, vorletzter Schritt der lernenden Bewußtseinserweiterung kann vollzogen werden, wenn sich das Subjekt die Frage stellt, wie es als Selbsterziehersubjekt mit sich als Lernersubjekt umgeht, d.h. welche Verfahren, Methoden und Strategien der arbeitsprozeßbezogenen Selbsterziehung es praktiziert und ob bzw. inwieweit diese Praktiken sinnvoll sind. Die Beantwortung dieser Frage setzt voraus, daß das Subjekt erneut seinen Ausgangs- und Betrachtungsstandpunkt wechselt, indem es die Position des Selbsterziehersubjekts verläßt und diejenige des *existentiellen Subjekts* einnimmt. Im Mittelpunkt des von dort aus erfolgenden Lernens stehen die bewußte Wahrnehmung der praktizierten Selbsterziehungsverfahren, -methoden und -strategien samt der Inhalte, auf die sie sich beziehen, die systematische Analyse dieser Selbsterziehungspraxis und die Planung von Verbesserungsmöglichkeiten. Diese Ebene des Lernens nenne ich *selbsterziehungsstrategiekonstituierendes Arbeitslernen* (vgl. Bild 6).

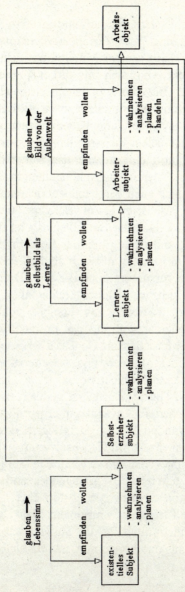

Bild 6: selbsterziehungsstrategiekonstituierendes Arbeitslernen

Die höchste Ebene des Arbeitslernens, die seine gesamte Komplexität abdeckt, ist schließlich das *selbsterziehersubjektkonstituierende Arbeitslernen* (vgl. Bild 7). In seinem Mittelpunkt steht die Frage, welches Bild das Subjekt von sich als arbeitsprozeßbezogenes Selbsterziehersubjekt hat. Um diese pädagogisch wichtige Frage beantworten zu können, müssen vor allem zwei Aktivitäten genau beobachtet, systematisch analysiert und bewußt bearbeitet werden, nämlich diejenige des Sich-selbst-für-Arbeitsprozesse-erziehen-wollens und diejenige der Empfindungen, die das Subjekt bei seinen arbeitsprozeßbezogenen Selbsterziehungsmaßnahmen macht. Wie bei jedem Lernprozeß lassen sich auch beim selbsterziehersubjektkonstituierenden Arbeitslernen wiederum zwei Bereiche unterscheiden, nämlich die Arena eines aufgeklärten Bewußtseins und der im Dunkeln liegende Hintergrund und Untergrund der Lerneraktivitäten, die das existentielle Subjekt im Umgang mit sich als Selbsterzieher vollzieht. Natürlich kann man versuchen, auch diese im Dunkeln liegenden Lernaktivitäten zu erhellen. Dabei treten aber spezifische Schwierigkeiten auf, denn ein Subjekt, das versucht, sich als existentielles Subjekt zu thematisieren, stößt auf das Problem, daß die existentielle Dimension des Menschen im Gegensatz zu den speziellen Bereichen des Selbsterzieher-, Lerner- und Arbeitersubjekts grundsätzlich nicht in ihrer Gesamtheit objektivierbar ist, also nicht umfassend zum Reflexions- und Diskussionsthema gemacht werden kann. Denn das würde voraussetzen, daß es einen übergeordneten Betrachtungs- und Beurteilungsstandpunkt gibt. Der Begriff des existentiellen Subjekts schließt das aber aus. Im Gegensatz zum Arbeiter-, Lerner- und Selbsterziehersubjekt ist das existentielle Subjekt nämlich ein unbegrenztes, alle Eingrenzungen sprengendes und dabei letzte Rahmungen setzendes Subjekt, das das Selbsterzieher-, Lerner- und Arbeitersubjekt existentiell trägt und umschließt, dabei selbst aber - nicht nur für andere, sondern auch für das Subjekt selbst - letztlich unbegreifbar, ein Geheimnis und Mysterium, ist und bleibt.

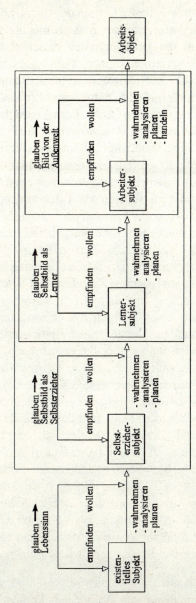

Bild 7: selbsterziehersubjektkonstituierendes Arbeitslernen

Zum vertiefenden Verständnis dieses Lernmodells sind abschließend noch zwei Anmerkungen hinzuzufügen: Erstens möchte ich darauf aufmerksam machen, daß die Lernaktivitäten dieser sechs Ebenen zwar sehr unterschiedlich verlaufen können, nicht aber *nicht* vollzogen werden können. Jeder Arbeitsprozeß impliziert zumindest in rudimentären Ansätzen hintergründig mitgängige Prozesse, die mit Bezug auf die gerade identifizierten sechs Lernebenen beschrieben werden können. *Man kann also nicht nicht-lernen.* Auf der anderen Seite heißt das natürlich nicht, daß jeder Arbeitsprozeß auch ein auf allen sechs Ebenen vollständig entfalteter Lernprozeß ist. Denn zum einen ist es die Regel, daß Arbeitsprozesse nicht mit expliziten Lernprozessen einhergehen und zum anderen kann das lernende Subjekt sich jeweils nur auf eine der sechs Lernebenen konzentrieren. - Die zweite an dieser Stelle zu machende Anmerkung bezieht sich auf den Zusammenhang der sechs Lernebenen: Lernen ist in Wirklichkeit immer ein ganzheitlicher Prozeß. Die Unterscheidung von sechs Lernebenen dient also nur analytischen Zwecken. Sie begründet sich im Anschluß an den Vorschlag Batesons auf eine systemtheoretisch begründete Rekonstruktion einer hierarchisch geschachtelten Regulierung psychischer Aktivitäten. Die auf diese Weise ermittelte Hierarchie sagt damit aber noch nichts über die empirischen Wirkungszusammenhänge jener Aktivitäten aus. So ist zu erwarten, daß es zwischen den vier verschiedenen Glaubensaktivitäten, d.h. zwischen den Vorannahmen bezüglich der Wirkungs- und Bedeutungszusammenhänge der Arbeitsobjekte, dem Selbstbild des Subjekts als Lerner und als Selbsterzieher und seinem existentiell erlebten Lebenssinn enge und stabile und damit auch lernresistente Zusammenhänge gibt. Der Deutungsmusteransatz hat diesbezüglich erste wesentliche Erkenntnisse geliefert (siehe z.B. Arnold 1990, Kade 1989, Peters 1991). Eine Veränderung der sich auf das Arbeitsobjekt sowie der sich selbstreferentiell auf das Lerner- und Selbsterziehersubjekt beziehenden Aktivitäten des Wahrnehmens, Analysierens und Planens scheint demgegenüber sehr viel leichter möglich zu sein.

Diese Anmerkungen signalisieren, daß das im Anschluß an Bateson weiterentwickelte Lernmodell nur ein Anfang ist, Lernen konzeptionell zu erklären. Trotz seiner noch beschränkten Erklärungskraft lassen sich dennoch einige Aussagen zum Verhältnis von Arbeiten und Lernen formulieren: Arbeiten ist ein Prozeß, dem eine System/Umwelt-Differenz zugrunde liegt, indem Arbeiten zum einen das Arbeitsobjekt und zum anderen das Arbeitssubjekt konstituiert und entwickelt. Diese System/ Umwelt-Differenz muß rekursiv auf sich selbst angewandt werden, wenn das Subjekt in sich verändernden Kontexten arbeitet und deshalb nicht mit Arbeitsroutinen auskommt, sondern durch Arbeitslernen seine Arbeitsfähigkeiten ständig nachbessern muß. Diese Ausgangssituation charakterisiert, wie im letzten Abschnitt dargestellt, unsere heutige Arbeitswelt in zunehmendem Maße. Der rekursive Rückbezug der System/Umwelt-Differenz bedeutet für das Subjekt, daß es nicht nur sein Arbeitsobjekt, sondern auch seine eigenen Arbeitsfähigkeiten und damit sich selbst bearbeiten, ja allererst konstituieren muß.

4. Qualifizierung und Bildung

Das gerade umrissene Arbeiten und Lernen integrierende Konzept läßt sich im Anschluß an Marotzki bildungstheoretisch interpretieren. Der Anknüpfungspunkt ist dabei das vor allem von Beck (1986) herausgearbeitete Problem, daß es angesichts einer rapide steigenden gesellschaftlichen Komplexität für die einzelnen Subjekte zunehmend schwieriger wird, eine eigenständige Identität aufzubauen und zu sichern (Marotzki 1990, S.19ff.). Dieses Problem läßt sich nach Auffassung von Marotzki nicht dadurch lösen, daß den Subjekten immer mehr Wissen vermittelt wird (ebd. S.159). Ja, eine solche Qualifizierungsstrategie würde den Problemdruck nur erhöhen, weil das Subjekt mit der Aufgabe, die Überfülle pluralen Wissens zu ordnen, allein gelassen ist. Gesucht ist deshalb die Fähigkeit, die komplexe Heterogenität des Wissens zu synthetisieren, d.h. ihr einen identitätsstiftenden Rahmen zu geben. (Siehe dazu den Beitrag von Wittwer in diesem Band) Diese Leistung ist - so Marotzki - nicht von *Qualifizierungs-*, sondern nur von *Bildungsprozessen* zu erwarten: "Je stärker die Komplexität moderner Gesellschaften steigt (...), (je mehr - erg. d. Verf.) ist ein Lernen gefordert, das sich in einen Bil-

dungsprozeß eingebettet weiß, der auf der Befähigung zur tentativen Wirklichkeitsauslegung beruht." (Marotzki 1990, S.155)
Denn:
"Wird Bildung als Positivierung von Bestimmtheit, also z.B. als Positivierung faktischen Wissens, angelegt und damit Zonen der Unbestimmtheit eleminiert, wird Bildung ausgehöhlt, letztlich verunmöglicht." (ebd. S.154)

Die hier vertretene Position läßt sich in Verbindung bringen mit der im zweiten Abschnitt geführten Diskussion über die Leistungen und Grenzen der *Segmentierungsstrategie*. Sie beruht nämlich auf dem Prinzip, eine wegen ihrer Komplexität nicht angemessen erfaßbare und bearbeitbare Ganzheit in begrenzte Teile zu zerlegen, und zwar rekursiv, indem die so identifizierten Teile wiederum in mehrere klar gegeneinander abgegrenzte Teile untergliedert werden usw. Diese Methode war in der Pädagogik nach der realistischen Wende, d.h. in der Zeit der Curriculumeuphorie (siehe z.B. Achtenhagen / Meyer 1971; Blankertz 1973a, 1973b; Haft/Hameyer 1975; Robinsohn 1972) ein Gütesiegel für Modernität. Ihr Prinzip ist, die Gesamtheit des kulturell relevanten Wissens in klar voneinander geschiedene Komplexe, d.h. Fächer, Fachgebiete, Jahrgangsthemen, Themen für Unterrichtsreihen und -stunden bis hin zu Unterrichtsphasen und -situationen zu gliedern. Auf diese Weise entsteht eine Sequenz hochgradig spezialisierter Wissenselemente, die zunächst beziehungslos nebeneinander stehen und deshalb in einem nächsten Schritt durch nicht minder spezialisierte Integrationselemente zu übergeordneten Ganzheiten zusammenzubinden sind. Diese Strategie läßt sich lernpsychologisch (siehe z.B. Aebli 1974; Gagné 1973; Loser/Terhart 1977) untermauern, indem diejenigen Operationen identifiziert werden, die das jeweils gewünschte Wissen "produzieren". So erzeugt das Wahrnehmen der Realität Erfahrungswissen, das Analysieren Konzeptwissen, das Planen Planungswissen und das praktische Handeln Handlungswissen. Das Ergebnis so organisierter Lehr-Lernprozesse ist - so Marotzki - Qualifizierung, aber nicht Bildung. Denn Bildung ist mehr: Sie zielt auf Ganzheitlichkeit, und zwar nicht als nachgängige Integration des zuvor partikularistisch Getrennten durch gleichfalls partikularistisch segmentiertes Integrationswissen, sondern durch "tentative Wirklichkeitsauslegungen", die sich nicht in die Sprache klar bestimmten Wissens übersetzen lassen.

Bildung kann also nicht das Produkt einer pädagogischen Segmentierungsstrategie, sondern muß - so möchte ich vorschlagen - als Ertrag einer pädagogischen *Pluralisierungsstrategie* konzipiert werden. Es ist wohl kaum ein Zufall, daß in dem Moment, wo die Organisations- und Managementwissenschaften von der neofordistischen Segmentierungsstrategie zu Konzepten eines systemischen bzw. integrierten Managements und zu der ihm zugrunde liegenden Pluralisierungsstrategie umschwenken, fast zeitgleich in der Berufspädagogik Skepsis gegenüber der Leistungsfähigkeit von Fachqualifikationen laut wird und der Begriff der Schlüsselqualifikationen (siehe u.a. Arnold 1991, S.69ff.; Kaiser 1992; Mertens 1974; Reetz/Reitmann 1990; Wittwer 1992, S.52ff.) eine außerordentliche Resonanz und Begeisterung gefunden hat. Den Grund hierfür sehe ich in der Hoffnung, mit diesem Begriff die Leerstelle zu füllen, die bis zur realistischen Wende vom Begriff der Bildung eingenommen wurde.

Im Rahmen meiner organisationstheoretischen Überlegungen habe ich versucht klarzumachen, daß die gestiegene Komplexität der Risikogesellschaft es erforderlich macht, neben die Differenzierungsstrategie der Segmentierung, die sicherlich auch weiterhin von großer Bedeutung sein wird, gleichermaßen auf die Differenzierungsstrategie der Pluralisierung zu setzen. Für die Pädagogik heißt das: Es ist davon auszugehen, daß Fachwissen und im weiteren Sinne Fachqualifikationen auch weiterhin wichtig sein werden; aber sie bedürfen eines sie integrierenden Rahmens durch Schlüsselqualifikationen und letztlich durch Bildung. Diesen Rahmen klarer fassen zu können und damit auch eine präzisere und fundiertere Vorstellung von dem zu bekommen, was mit Schlüsselqualifikationen sinnvollerweise gemeint sein kann, gehört m.E. zu den wichtigsten Aufgaben der näheren Zukunft.

Mit Blick auf dieses Anliegen möchte ich vorschlagen, den Begriff der *Qualifizierung* auf die unterste Lernebene, also auf das arbeitsobjektkonstituierende Arbeitslernen zu beschränken und den Begriff der *Schlüsselqualifikationen* mit Bezug auf die drei darüber liegenden Lernebenen, d.h. mit Bezug auf das arbeitsobjektkonstituierende Arbeitslernen und mit Bezug auf das lernstrategie- und lernersubjektkonstitutierende Arbeitslernen zu entfalten. Eine solche Vorgehensweise hätte den Vorteil, das Konstrukt "Schlüsselqualifikation" konzeptionell zu strukturieren und dabei herauszuarbeiten, daß es je nachdem, welche Lernebene man betrachtet, recht Unterschiedliches bedeutet. Führt man diesen Gedanken weiter, liegt es nahe, die obersten beiden Lernebenen, also das Lernen des existentiellen Subjekts in Auseinandersetzung mit seinen Selbsterzieherfunktionen als konzeptionellen Referenzrahmen für die Diskussion um *Bildung* zu wählen. In diesen Rahmen würde auch gut das passen, was Marotzki als "tentative Wirklichkeitsauslegungen" beschreibt und dabei an die Existenzphilosophie Sartres anschließt, der das Wesentliche menschlicher Existenz in seinen Zukunftsentwürfen sieht (Marotzki 1990, S.59ff). Bildung konstituiert sich in diesem Sinne als "Differenzerfahrung" (ebd. S.154), d.h. als ein tätiges Erleben der Spannung zwischen (selbst erhobenem) Anspruch und (vorgefundener) Wirklichkeit.

An dieser Stelle nun läßt sich der Bogen zurückschlagen zu dem Anfangsargument meiner Überlegungen, nämlich zu der These Benners, daß das zentrale konstitutive Merkmal aller Praxis ihre *Imperfektheit* ist. Setzt man sie mit der Differenz zwischen Anspruch und Wirklichkeit gleich, kann man in der Imperfektheit aller Praxis die Begründung für die systemtheoretische Auffassung sehen, daß die letztliche Ursache für alle Praxisprozesse Differenzen sind. Sie konstituieren sich je unterschiedlich, je nachdem, ob das Subjekt sich als Arbeiter-, Lerner- oder Selbsterziehersubjekt selbstreflexiv anspricht und ob es dabei primär seine Aktivitäten des Wahrnehmens, Analysierens und Planens oder diejenigen des Wollens, Empfindens und Glaubens im Auge hat. "Tentative Wirklichkeitsauslegungen" sind für Marotzki in diesem Sinne immer zugleich Welt- wie auch Selbstauslegungen, und zwar vom Standpunkt des existentiellen Subjekts aus. Die hier erfahrbaren und erfahrenen Differenzen sind der Impuls und Stachel für Bildungsprozesse. Sie vollziehen sich autopoietisch ohne jede Teleologie. Denn der Mensch ist in seiner Identitätsentwicklung von Grund auf auf sich selbst zurückgeworfen. Er hat keinerlei Möglichkeit, in unumstößlich geltenden Gewißheiten Halt zu bekommen und seine Entwicklung auf sie teleologisch auszurichten. Die Verantwortung, die das Subjekt für sich, für seine Mitmenschen und die Natur übernehmen muß, muß sich deshalb an Kriterien orientieren, die das Subjekt in seinem Bildungsprozeß allererst selbst hervorbringen muß, wohlwissend, daß es aufgrund seiner Imperfektheit niemals perfekte Kriterien finden kann, und gleichzeitig auch wissend, daß diese Imperfektheit kein Grund sein darf, sich um jene Kriterien nicht zu bemühen. Bildung ist ein Prozeß, in dem das Subjekt sich um Verantwortung zu bemühen hat, d.h. um die Überwindung seiner Imperfektheit, ohne diese letztlich überwinden zu können, so daß es an der Aufgabe seiner Verantwortung notwendigerweise scheitern muß und in diesem Sinne schuldig wird. Bildung hat deshalb ein doppeltes Gesicht: *Verantwortung* und *Schuld* lassen sich nicht auseinanderdividieren. Ihre Methode ist der kompromißlos radikale *Zweifel*, der auch vor sich selbst nicht halt macht (Beck 1993, S.249ff.) und so das Subjekt davor bewahrt zu verzweifeln. Nur so kann aus Verantwortung und Schuld *aufgeklärte Hoffnung* als das Ziel aller Bildung erwachsen. In diesem Sinne sind Schlüsselqualifikationen, mit denen die Welt und die Zukunft in ihren noch unerschlossenen Möglichkeiten geöffnet werden soll, auf ihre letztliche Richtschnur verwiesen: auf Bildung.

5. Kollektives Lernen und die "gebildete Organisation"

Den Überlegungen des letzten Abschnitts liegt die Idealisierung zugrunde, daß das Subjekt *alleine* arbeitet und lernt. Die anderen, die Gesellschaft, erscheinen nur als Hintergrund, nicht aber als Dialogpartner. In Wirklichkeit jedoch ist jede Situation eine *soziale* Situation, die den einzelnen mit den anderen und der Gesellschaft verbindet. Für die Aktivitäten, die das Subjekt im Umgang mit Arbeitsobjekten auszuführen hat, also für das Wahrnehmen des Arbeitsobjekts im Kontext seiner Realität, für das Analysieren der ihm zugrunde liegenden gegenständlichen Wirkungszusammenhänge und gesellschaftlichen Bedeutungszusammenhänge, für das Planen eines wirkungsvollen und verantwortungsbewußten Umgangs mit dem Arbeitsobjekt und für die sensomotorische Ausführung des so Geplanten bedeutet das, daß das Subjekt sich darüber im klaren sein muß, daß auch andere entsprechende Aktivitäten vollziehen und daß es notwendig ist, mit bestimmten von ihnen sich bezüglich dieser Aktivitäten wechselseitig abzustimmen, d.h. mit ihnen zu *kooperieren*. Das sich dabei stellende Problem hat Luhmann (1984, S. 148ff.) als "doppelte Kontingenz" beschrieben. Ich möchte an seine Rekonstruktion anschließen und sie mit dem oben vorgestellten Modell der *"vollständigen Handlungsstruktur"* verbinden, indem ich die Frage stelle, was mehrere Subjekte leisten müssen, wenn sie miteinander kooperieren (wollen). Die Antwort, die ich vorschlage, lautet: Sie müssen alle Einzelaktivitäten ihrer "vollständigen Arbeitshandlungen" wechselseitig im Sinne von Luhmanns Modell der "doppelten Kontingenz" aufeinander abstimmen und auf diese Weise eine Kooperationspraxis begründen, die sich mit Hilfe des im folgenden darzustellenden Modells der *"vollständigen Kooperationsstruktur"* deskriptiv abbilden und präskriptiv beurteilen und verbessern läßt.

Das Modell der "vollständigen Handlungsstruktur" beinhaltet, wie oben dargestellt, insgesamt sieben handlungskonstitutive Aktivitätstypen, die in zwei Gruppen gebündelt werden.

- Das Wahrnehmen,
- Analysieren,
- Planen
- und Handeln

sind diejenigen Aktivitäten, die - wie auch anhand des im letzten Abschnitts entwickelten lerntheoretischen Modells deutlich wurde - zur Konstitution und Bearbeitung von Objekten (Arbeits-, Erkenntnis- und Lernobjekten) beitragen, während die Aktivitäten des

- Wollens,
- Empfindens
- und Glaubens, d.h. des Operierens mit Vorannahmen

den Subjektaspekt des Lernens und damit auch des Lerners konstituieren.

Verbindet man mit diesem Modell die Erkenntnis von Watzlawick/Beavin/Jackson (1969, S. 50ff.), daß man nicht nicht-kommunizieren kann, bedeutet das, daß jedes menschliche Verhalten alle jene sieben Aktivitätstypen aufweist, wenn auch in sehr unterschiedlichen Ausprägungen und Profilierungen, und daß jeder Aktivitätstyp des einen Kommunikationspartners - so oder so - mit demselben Aktivitätstyp des anderen Kommunikationspartners wechselseitig abgestimmt wird. Wenn das richtig ist, muß es für jeden der sieben Aktivitätstypen der "vollständigen Handlungsstruktur" einen Kommunikationstyp geben, der die kommunikative Abstimmung des betreffenden Aktivitätstyps beschreibt. Auf diese Weise läßt sich mit Hilfe des Konstrukts der "doppelten Kontingenz" aus dem Modell der "vollständigen Handlungsstruktur" dasjenige der "vollständigen Kommunikations- bzw. Kooperationsstruktur" entwickeln.

Für die kommunikative Abstimmung der vier objektkonstitutiven Aktivitäten bedeutet das:
- Im Zuge eines sich wechselseitigen *Informierens und Kontrollierens* versuchen die Kooperationspartner, ihre individuellen Realitätswahrnehmungen aufeinander abzustimmen;
- durch *Fragen und Antworten* versuchen sie, ihre individuellen Realitätsanalysen zu koordinieren;
- durch *Vorschlagen und Akzeptieren oder Ablehnen von Vorschlägen* versuchen sie, ihre individuellen Planungen zu harmonisieren;
- und durch *Geben und Nehmen arbeitsrelevanter Ressourcen* versuchen sie, die Prozesse ihres Arbeitshandelns zu synthetisieren.

Alle diese Aktivitäten zielen primär auf den Umgang mit Arbeitsobjekten. Sie sind primär Arbeits- und erst sekundär soziale Abstimmungsaktivitäten. Das was die einzelnen zu Kooperationspartnern macht, ist ihr gemeinsames (in der Regel komplex gegliedertes)

Arbeitsobjekt. Dieses ist aber nicht einfach vorgegeben, sondern muß von den einzelnen angenommen und konstituiert werden, indem die objektbezogenen Arbeitsaktivitäten durch die übergeordneten Aktivitäten des Wollens, des Empfindens und des Von-paradigmatischen-Vorannahmen-ausgehens (also Glaubens) reguliert werden. Auch bezüglich dieser Aktivitäten müssen sich die einzelnen wechselseitig abstimmen. Gelingt ihnen dieses nicht, bildet sich kein gemeinsames Arbeitsobjekt; und ohne dieses gibt es keine Kooperation. Auch für diesen übergeordneten Abstimmungsprozeß gibt es spezielle Koordinierungsaktivitäten:

- Ihr individuelles Wollen können die einzelnen untereinander abstimmen durch Akte des *Ratens, Anweisens oder Bittens* sowie durch ein *(Nicht-)Beherzigen des Rates*, durch ein *(Nicht-)Befolgen der Anweisung* und durch ein *(Nicht-) Gewähren der Bitte*;
- ihre individuellen Empfindungen können die einzelnen durch Akte des *Dankens und Klagens* und des *Lobens und Tadelns* abstimmen;
- und ihre paradigmatischen Vorannahmen können sie durch ein *Dem-anderen-etwas anvertrauen* und durch ein *Sich-ihm-anvertrauen* bzw. *Etwas-ihm-anvertrauen* untereinander abstimmen.

Im Vollzug dieser Koordinierungsaktivitäten konstituiert und entwickelt sich eine *Arbeitsgruppe*. Es ist ein *Kollektivsubjekt, das sich im Gegensatz zu Individualsubjekten nicht durch psychische, sondern durch kommunikative Aktivitäten bildet*. Die Konstitution eines Kollektivsubjekts geht einher mit der Entstehung einer Innen/Außen-Differenz. D.h. es entsteht eine klare Grenze, wer und was zum Kollektivsubjekt gehört und wer bzw. was nicht. Eine Arbeitsgruppe setzt sich mit Arbeitsaufgaben auseinander, die sozusagen von außen an sie herangetragen werden. Entfallen sie, zerfällt die Arbeitsgruppe. Das kann zwei Ursachen haben: Entweder gibt es in der Umwelt der Arbeitsgruppe keine Arbeit mehr, die sie wahrnehmen kann, oder die Gruppenmitglieder nehmen die Arbeit, die man ihnen anträgt, nicht an. Das signalisiert: Zur Umwelt der Arbeitsgruppe gehören nicht nur die anderen, sondern auch die einzelnen Arbeitsgruppenmitglieder als Individualsubjekte, die ihrerseits wiederum die Innenwelt ihrer Arbeitsgruppe als einen Teil ihrer Umwelt erfahren. Diese Innenwelt und damit die Arbeitsgruppe als Kollektivsubjekt muß von den einzelnen ständig durch kommunikatives Handeln hergestellt werden. Das Handeln der einzelnen muß deshalb immer eine doppelte Ausrichtung haben, indem es zum einen auf das *Arbeitsobjekt* und zum anderen auf die *Arbeitsgruppe* zielt. Wir müssen unser lerntheoretisches Modell deshalb entsprechend korrigieren: Die erste Subjektschicht ist nicht nur das *Arbeiter-Subjekt*, sondern auch das *Mitarbeiter-Subjekt*. Ihr folgen die Schichten des Lernersubjekts, des Selbsterziehersubjekts und des existentiellen Subjekts. Diese Korrektur muß sich in den sechs Lernebenen widerspiegeln, indem neben jedes Arbeitslernen ein entsprechendes Kooperationslernen gestellt wird und in diesem Sinne ein arbeitsobjektkonstituierendes Arbeits- und Kooperationslernen, ein arbeitersubjektkonstituierendes Arbeits- und Kooperationslernen, ein lernstrategiekonstituierendes Arbeits- und Kooperationslernen, ein lernersubjektkonstituierendes Arbeits- und Kooperationslernen, ein selbsterziehungsstrategiekonstituierendes Arbeits- und Kooperationslernen und ein selbsterziehersubjektkonstituierendes Arbeits- und Kooperationslernen unterschieden wird. Damit wird deutlich: Die Begriffe "Qualifikation", "Schlüsselqualifikation" und "Bildung" können angemessen nur im Spannungsfeld von Individualsubjekt, Arbeitsobjekt und Kollektivsubjekt entfaltet werden.

Arbeitsgruppen werden von Individuen hervorgebracht, deren Aktivitäten imperfekt sind. Entsprechend sind auch die Koordinierungsaktivitäten der Arbeitsgruppe imperfekt; - kurz: *Arbeitsgruppen sind imperfekte Kollektivsubjekte*. Diese Imperfektheit ist der Anlaß und Stachel für die Entwicklung und den Vollzug von Koordinierungsaktivitäten, deren Funktion darin besteht, jene Imperfektheit zu mindern. Jede Arbeitsgruppe ist deshalb nicht nur Arbeitsgruppe, sondern auch *Selbstorganisationsgruppe*, indem sie die oben genannten Koordinierungsaktivitäten auf sich selbst bezieht und auf diese Weise sich z.B. über ihre Informationsprozesse informiert oder die Qualität der gemeinsam durch Fragen und Antworten vollzogenen Explorationsprozesse exploriert, - und zwar wiederum durch gemeinsames Fragen und Antworten. Das bedeutet: *Auch Kollektivsubjekte können lernen. Aber ihr Lernen vollzieht sich nicht als ein psychischer Prozeß wie bei Individualsubjekten, sondern im Medium selbstreferentieller Kommunikationsprozesse, d.h. im Medium von explizit verbalisierter, sprachlich symbolisierter oder auch nonverbaler Metakommunikation.* Nur durch Metakommunikation können Kollektivsubjekte sicherstellen, daß ihre Koordinierungsaktivitäten nicht an deren Imperfektheit zugrunde gehen und damit zum Untergang des Kollektivsubjektes führen, sondern sich selbstkorrigierend entwickeln. Diesen Prozeß, der demjenigen individuellen Lernens strukturell entspricht, bezeichne ich als *kollektives Lernen* und schlage vor zu prüfen, ob mit diesem Konstrukt die m.E. konzeptionell noch nicht sehr ausgereifte organisationswissenschaftliche Diskussion über Selbstorganisation (siehe z.B. Kirsch 1992; Probst 1987) weiterführende Impulse erhalten könnte.

Je größer ein Kollektivsubjekt ist, desto komplexer ist es, d.h. desto schwieriger wird es für den einzelnen, alle Arbeits- und Koordinierungsaktivitäten zu überblicken und mit den anderen metakommunikativ zu regulieren. In dieser Situation bietet sich die Differenzierungsstrategie der Segmentierung an, die darin besteht, daß Gruppen gebildet werden, die so klein sind, daß metakommunikative Regulierungsprozesse möglich sind. Die Koordination der so gebildeten Gruppen ist die Aufgabe von Managern. Wie bereits im ersten Teil dieses Beitrags ausgeführt, läßt sich die Segmentierungsstrategie rekursiv auf sich selbst anwenden. Die Manager, die die Gruppe führen, können deshalb selbst in mehrere Gruppen gegliedert werden, die von Managern der nächst höheren Führungsebene geführt werden usw.. Auf diese Weise entsteht eine hierarchische Ordnung mit bestimmten standardisierten Rahmenregelungen. Ihr Organisationsprinzip ist Segmentierung mit anschließender Reintegration. Ihre Funktion ist erstens, die *Handlungs- und Überlebensfähigkeit der Organisation* in ihrer Auseinandersetzung mit dem Umfeld zu sichern und zu optimieren; - unter diesem Aspekt hat Chandlers These "structure follows strategy" (Chandler 1962) ihre Berechtigung. Die zweite Funktion organisationeller Segmentation ist diejenige der *organisationsinternen Macht.* Sie ist eine Kopie der System/Umwelt-Differenz, die zwischen der Organisation und ihrem Kontext besteht und strukturgleich in die Organisation verlegt wird, indem die Organisation zum Kontext für Abteilungen und Gruppen wird. Für die Stabilität einer Organisation ist zweifellos ein Mindestmaß an organisationsinterner Macht notwendig. Sie ist unumgänglich. Andererseits hingegen ist dieser Sachverhalt aber auch eine Versuchung, über dieses notwendige Maß hinauszugehen und den Organisationskontext zum strategischen Aufmarschfeld zur Durchsetzung individueller Partikularinteressen zu machen. So wie Tiere und Pflanzen ihre je spezifischen Parasiten haben, die auf ihre Kosten leben und sie dabei ggf. auch zugrunde richten, so haben auch Organisationen ihre spezifischen Parasiten.

Diese Erkenntnis macht deutlich, daß Fragen der Organisationsstruktur und -strategie einer sensiblen *metakommunikativen Überwachung* bedürfen. Eine organisationelle Segmentierung, die Selbstorganisationsprozesse nur in eng begrenzten Nischen zuläßt, produziert Folgeprobleme, an denen sie scheitert, wenn es anderen Organisationen gelingt, jene problematische Differenzierungsstrategie zu überwinden und sich von den "Parasiten", die sie produziert, (weitgehend) zu befreien. Diese Situation haben wir heute mit der fernöstlichen Konkurrenz vorliegen. Wie im ersten Abschnitt dargelegt, muß es deshalb gelingen, die Segmentierungsstrategie mit Pluralisierungsstrategien anzureichern. Was das im einzelnen bedeuten kann, läßt sich mit Bezug auf die Theorie kollektiven Lernens in einzelnen Teilen beantworten. Voraussetzung dafür ist jedoch, daß diese Theorie die organisationsstrukturellen und -strategischen Aspekte von Kollektivsubjekten mit thematisiert. D.h. die organisationellen Rahmenbedingungen ihrer arbeitsobjektbezogenen und selbstreferentiell metakommunikativen Koordinierungsprozesse sind metakommunikativ zu überwachen, - und zwar von der *Managergruppe*.

Die traditionelle Segmentierung hat die Arbeiter- von der Managergruppe strikt getrennt und versucht, Prozesse der Selbstorganisation möglichst weitgehend überflüssig zu machen. Organisationelle Pluralisierung, wie man sie in Ansätzen zum Lean-Management studieren kann, setzt demgegenüber auf eine möglichst weitgehende Integration der Arbeiter- mit der Managergruppe. Voraussetzung für eine solche Integration ist Selbstorganisation. Für das Lernen der einzelnen bedeutet das: Während im Rahmen der organisationellen Segmentierungsstrategie auch Lernen segmentiert wird mit der Folge, daß betriebliches Lernen der operativen Ebene im wesentlichen nur auf fachliche Qualifizierung zielt, sind im Rahmen der organisationellen Pluralisierungsstrategie Schlüsselqualifikationen unerläßlich. Diese Forderung ist heute nicht mehr revolutionär. In dieser Situation schlage ich vor, noch einen Schritt weiter zu gehen und nicht nur Schlüsselqualifizierungs-, sondern auch Bildungsprozesse zu fordern. Mit Blick auf die Theorie des Organisationslernens (siehe dazu den Überblick bei Geißler 1994a) heißt das: Während Organisationslernen seit den späten 70er Jahren (Argyris/Schön 1978) bis heute (z.B. Argyris 1993, Pautzke 1989, Pawlowsky 1992, Reinhardt 1993, Sattelberger 1991) im wesentlichen nur auf das Problem des sogenannten "double-loop learning" mit dem Interesse strategischen Erschließungslernens blickt und dabei - meist implizit - entsprechende Schlüsselqualifikationen nicht nur bei den Führungskräften, sondern auch bei der operativen Basis voraussetzt, läßt sich das Projekt einer Humanisierung des Arbeitsplatzes und der Organisation (siehe dazu z.B. Dehnbostel/Peters 1991, Sydow 1985) nur dann konsequent zu Ende bringen, wenn dieses Vorhaben als organisationelle Lernaufgabe wahrgenommen wird, die eine Vorstellung von Organisationslernen impliziert, das beim einzelnen Bildungsprozesse voraussetzt und fördert (siehe dazu die Ansätze bei Arnold 1991, S. 17ff., Herzer/Herz/Bauer 1993, Petersen 1994, Senge 1990). Ein solches Organisationslernen habe ich als *organisationskulturelles Identitätslernen* (Geißler 1994b) bezeichnet und es mit dem gleichgesetzt, was Bateson "deutero learning" nennt. Eine Organisation, die ein solches Lernen praktiziert, ist für mich eine "*gebildete Organisation*"[1].

---

[1] Nachfragen zu dem Beitrag von Harald Geißler sind in die Abschlußdiskussion mit eingeflossen.

Literatur

Aebli, H.: Grundformen des Lehrens. 8. Aufl. Stuttgart 1974

Achtenhagen, F./Meyer, H.L. (Hg.): Curriculumrevision. München 1971

Argyris, Chr.: On organizational learning. Cambridge /Mass. 1993

Argyris, Chr. / Schön, D.A.: Organizational learning: a theory of action perspective. Reading /Mass. 1978

Arnold, R.: Deutungsmusteransatz. In: Grundlagen der Weiterbildung - Praxishilfen. Kapitel 6.30.10. Neuwied 1990

Arnold, R.: Betriebliche Weiterbildung. Bad Heilbrunn 1991

Bateson, G.: Sozialplanung und der Begriff des Deuterolernens. In: Ders.: Ökologie des Geistes. Frankfurt/M. 1981a, S.219ff.

Bateson, G.: Die logischen Kategorien von Lernen und Kommunikation. In: Ders.: Ökologie des Geistes. Frankfurt/M. 1981b, S.362ff.

Bauer, H.G./Bojanowski, A./Herz, G./Herzer, M.: Arbeitsgestaltung im Betrieb. Alsbach/Bergstraße 1993

Beck, U.: Risikogesellschaft. Auf dem Weg in eine andere Moderne. Frankfurt/M. 1986

Beck, U.: Die Erfindung des Politischen. Frankfurt/M. 1993

Benner, D.: Allgemeine Pädagogik. 2. Aufl. München 1991

Blankertz, H.: Curriculumforschung - Strategien, Strukturierung, Konstruktion. 3. Aufl. Essen 1973a

Blankertz, H.: Fachdidaktische Curriculumforschung - Strukturierungsansätze für Geschichte, Deutsch, Biologie. Essen 1973b

Bleicher, K.: Das Konzept Integriertes Management. Frankfurt/M. 1992

Bühner, R.: Der Mitarbeiter im Total Quality Management. Stuttgart 1993

Chandler, A.D.: Strategy and structure: Chapters in the history of the industrial enterprise. Cambridge/Mass. 1962

Dehnbostel, P./Peters, S. (Hg.): Dezentrales und erfahrungsorientiertes Lernen im Betrieb. Alsbach/Bergstraße 1991

Deppe, J.: Quality Circle und Lernstatt. Wiesbaden 1989

Ebner, H.G.: Facetten und Elemente didaktischer Handlungsorientierung. In: Pätzold, G. (Hg.): Handlungsorientierung in der beruflichen Bildung. Frankfurt/M. 1992, S.33ff.

Felfe, J.: TPK-Training pädagogischer Kompetenzen zur Vermittlung fachübergreifender Qualifikationen in der Berufsausbildung. Frankfurt/M. 1992

Fredecker, I.: Neue Arbeitseinsatzkonzepte und betriebliche Weiterbildung - Implikationen im personalstrategischen Zusammenhang. Frankfurt/M. 1991

Frehr, H.-U.: Total Quality Management. München, Wien 1993

Gagné, R.M.: Die Bedingungen des menschlichen Lernens. 3. Aufl. Hannover u.a.1973

Geißler, H.: Grundlagen des Organisationslernens. Weinheim 1994a

Geißler, H.: Organisationslernen - Zur Bestimmung eines betriebspädagogischen Grundbegriffs. In: Arnold, R./Weber, H. (Hg.): Weiterbildung und Organisation. Baltmannsweiler 1994b

Gonon, Ph.: Arbeitsschule und Qualifikation. Frankfurt/M. 1992

Hacker, W.: Arbeitspsychologie. Bern, Stuttgart, Toronto 1986

Haft, H./Hameyer, U. (Hg.): Curriculumplanung. München 1975

Heeg, F.J./Münch, J.: Handbuch Personal- und Organisationsentwicklung. Stuttgart, Dresden 1993

Herzer, M./Herz, G./Bauer, H.G.: Qualifizierung nebenberuflicher Ausbilder. Ein Weg zum lernenden Unternehmen. Alsbach/Bergstraße 1993

Hölterhoff, H./Becker, M.: Aufgaben und Organisation der betrieblichen Weiterbildung. München, Wien 1986

Höpfner, H.-D.: Entwicklung selbständigen Handelns in der beruflichen Aus- und Weiterbildung. Berlin, Bonn 1991

Kade, J.: Erwachsenenbildung und Identität. Weinheim 1989

Kaiser, A.: Schlüsselqualifikationen in der Arbeitnehmer-Weiterbildung. Neuwied 1992

Kirsch, W.: Kommunikatives Handeln, Autopoiese, Rationalität. München 1992

Koch, L.: Überlegungen zum Begriff und zur Logik des Lernens. In: Z.f.Päd. 34(1988), S.315ff.

Leschinsky, A./Roeder, P.M.: Schule im historischen Prozeß. Stuttgart 1976

Loser, F./Terhart, E. (Hg.): Theorien des Lehrens. Stuttgart 1977

Luhmann, N.: Soziale Systeme. Frankfurt/M. 1984

Malik, F.: Strategie des Managements komplexer Systeme. Bern, Stuttgart, Wien 1992

Marotzki, W.: Entwurf einer strukturalen Bildungstheorie. Weinheim 1990

Mertens, D.: Schlüsselqualifikationen. Thesen zur Schulung für eine moderne Gesellschaft. In: Mitteilungen aus der Arbeits- und Berufsforschung 7. 1974, S.36ff.

Pautzke, G.: Die Evolution der organisatorischen Wissensbasis. München 1989

Pawlowsky, P.: Betriebliche Qualifikationsstrategien und organisationales Lernen. In: Staehle, W.H./Conrad, P. (Hg.): Managementforschung 2. Berlin, New York 1992, S.177ff.

Peters, S.: Arbeitslose und ihr Selbstbild in einer betrieblichen Umschulung. Weinheim 1991

Peters, S./Jende, R./Paulinyi, I./Wedding, D.: Lernstatt: Lernen für Beteiligung und Gestaltung. In: Dehnbostel, P./Peters, S. (Hg.): Dezentrales und erfahrungsorientiertes Lernen im Betrieb. Alsbach/Bergstraße 1991, S.109ff

Petersen, J.: Aspekte des Organisationslernens. Auf dem Weg zur "gebildeten Organisation". Frankfurt/M. 1994

Petrat, G.: Schulunterricht. München 1979

Pfeiffer, W./Weiß, E.: Lean Management. Berlin 1992

Prange, K.: Pädagogik als Erfahrungsprozeß. Stuttgart 1978

Preyer, K.: Berufs- und Betriebspädagogik. München u.a. 1978

Probst, G.J.B.: Selbstorganisation. Berlin, Hamburg 1987

Reinhardt, R.: Das Modell organisationaler Lernfähigkeit und die Gestaltung lernfähiger Organisationen. Frankfurt/M. 1993

Robinsohn, S.B. (Hg.): Curriculumentwicklung in der Diskussion. Stuttgart, Düsseldorf 1972

Sattelberger, Th. (Hg.): Die lernende Organisation. Wiesbaden 1991

Senge, P.M.: The fifth diszipline. Kent 1990

Stötzel, B./Schneider, J.: Lernen in der Lernstatt. In: Dehnbostel, P./ Peters, S. (Hg.): Dezentrales und erfahrungsorientiertes Lernen im Betrieb. Alsbach/Bergstraße 1991, S.129ff

Stürzl, W.: Lean Production in der Praxis. Paderborn 1993

Sydow, J.: Organisationsspielraum und Büroautomation. Berlin, New York 1985

Tilch, H.: Innovationsorientiertes Personalmanagement. Bremen 1993

Watzlawick, P./Beavin, J.H./Jackson, D.D.: Menschliche Kommunikation. Bern, Stuttgart, Wien 1969

Wittwer, W.: Berufliche Bildung im Wandel. Weinheim, Basel 1992

Womack, J.P./Jones, D.T./Roos, D.: Die zweite Revolution in der Autoindustrie. Frankfurt/M., New York 1991

SIBYLLE PETERS

Pädagogisches Handeln in der betrieblichen Weiterbildung zwischen Effizienz und gesellschaftlicher Relevanz

Vorbemerkung

Weiterbildung im Betrieb findet unvermindert großes Interesse, jedoch die Weiterbildner im Betrieb sind nicht Lehrer und Ausbilder, d.h. keine Pädagogen und haben keinen pädagogischen Berufsstatus. Aus dem Grunde liegt es nicht unbedingt nahe, auf pädagogisches Handeln im Betrieb Bezug nehmen zu wollen, wenngleich es anläßlich der großen Umstrukturierungen und Veränderungen in den Betrieben unter pädagogischer Perspektive interessante Aspekte zu beobachten gibt. Neue Produktionskonzepte und/oder Managementkonzepte werden angesichts der anhaltenden Rezession immer nachhaltiger aufgegriffen, erprobt und teilweise wieder verworfen, wobei sie insgesamt immer stärker von einzelnen isolierten Leistungssteigerungen ausgewählter Bereiche sowie ihrer Optimierung abrücken und an ihrer Stelle globalere Überlegungen und Konzepte treten. Vielmehr scheint die Suche nach Konzepten, die Prozesse und Strukturen beeinflussen wollen und die von allen Mitarbeitern verstanden und anwendbar erscheinen, eine generellere Konjunktur zu haben. Neuere Konzepte verfolgen als Leitlinie die Einbeziehung von Organisationsprozessen und Techniksstrukturen, die prozeßorientiert direkt als Gestaltungsbereich angesehen werden. In der Ausrichtung liegt der Schwerpunkt nicht mehr in der Optimierung vieler endloser Einzelschritte, sondern der Betrieb als Ganzes gerät für innovative Prozeßstrategien in den Blick, wobei Techniklinien sowie Arbeits- und Organisationsstrukturen und Fragen einer Qualifizierung einbezogen werden, bzw. als verschiedene Prozesse parallelisiert zu sehen sind (vgl. den Beitrag von H. Geißler in diesem Band). Information wird somit die entscheidende Ressource, die an alle Beschäftigtengruppen heranzutragen ist, bzw. alle Beschäftigtengruppen sind an den Informationen zu beteiligen, denn ohne Information und Kommunikation können hochkomplexe Strukturen nicht innovativ arbeiten. Damit die Beschäftigten den Anforderungen entsprechen können, müssen sie auf allen Ebenen der Arbeitsorganisation über kompensatorisch- innovative Kompetenzen verfügen, um sich an der Information und Kommunikation zu beteiligen. Das erfordert von den Beschäftigten weit mehr als nur den Erwerb einer Integration fachlichen und fachübergreifenden beruflichen Wissens.

Strukturelle Veränderungen bleiben nicht ohne Wirkung auf das Individuum. Dieses muß die aus diesen Entwicklungen resultierende gesteigerte Komplexität immer wieder auf's Neue verarbeiten, d.h. der Einzelne befindet sich permanent in der Situation, daß vorgefundene und gegebene Strukturen in einem ständigen Wandel von Auf- und Ablösung begriffen sind. Dadurch wird es immer schwieriger für das Individuum, angesichts steigender Komplexität die eigenständige Identität aufzubauen und zu sichern (vgl. Marotzki, 1990). Anforderungen innerhalb hochkomplexer Organisationsstrukturen nötigen das Subjekt, die eigene Berufs- und Arbeitsbiographie so umzugestalten, daß es den gesteigerten Anforderungen entsprechen und gleichzeitig Identität durch die Auf- und Ablösung vorgegebener Sozial- und Technikformen immer wieder herstellen kann. Folglich ist eine betriebliche / berufliche Weiterbildung gefragt, die über bereits geltendes und anerkanntes technisch-organisatorisches Regelwissen hinaus Wissen vermittelt, auf deren Basis die individuellen und kollektiven Akteure im Betrieb an der Gestaltbarkeit von Prozessen teilnehmen können. Bisher erfüllte die betriebliche Weiterbildung vorwiegend infolge der Konzentration auf die Vermittlung technisch - organisatorischen Regelwissens die Funktion, gegebene Organisationsstrukturen zu stabilisieren, indem durch die Verbreitung entsprechenden Leistungswissens Loyalität gesichert wurde (vgl. Schmitz, 1978; Dewe, 1994, 107). Prozeßentwicklung und Innovationen können jedoch nicht über Routine und technisch- organisatorisches Regelwissen erzeugt werden, sie schließen sich gleichsam aus (vgl. Peters/Weddig, 1994, 76ff). Wenn Betriebe zunehmend Flexibilisierung einfordern, wird dadurch bedingt die Biographie und die aktive Lebenslaufplanung immer stärker als Ressource gefordert, um die Nötigungen der Komplexitätssteigerungen angemessen zu verarbeiten und dabei Kontingenz aufrechtzuerhalten. Die Modalisierung der Selbst- und Weltreferenz (Marotzki, 1990, 144f) wird immer notwendiger, wenn Betriebe durch derzeit wirkende Erosionsprozesse erwarten, daß die Beschäftigten als Subjekte gegenüber neuen Orientierungsmustern des gesellschaftlichen Wandlungsprozesses offen sind.

Das macht es erforderlich, die Aufmerksamkeit stärker auf die Struktur, Beschaffenheit und Voraussetzungen von Lern- und Bildungsprozessen aus der Blickrichtung der Konstitutionsproblematik von Subjekten und ihrer Interessen aus antizipatorischer Perspektive zu richten. Das beinhaltet, daß für Fragen von Bildung und Qualifizierung Theorie- und Methodologiemodelle nicht mehr nur in der naturwissenschaftlichen Denktradition und ihren Auffassungen von Objekten zu folgen ist, sondern Denkmodelle in geisteswissenschaftlicher und hermeneutischer Tradition, die Objekt und Subjekt gegenüberstellen, heranzuziehen sind (vgl. Esser, 1991; Bohnsack, 1993; Gudjons, 1993). Infolgedessen sind andere Wissensbestände und Handlungsmodalitäten als bisher an die Beschäftigten heranzutragen, bzw. im Rückgriff auf die Individualität ist den Beteiligten Intersubjektivität zu ermöglichen, damit sie an Prozeßveränderungen teilhaben. Das veranlaßt mich zu fragen, was für ein Handlungswissen dafür benötigt wird, das solche Prozesse initiiert, begleitet und in Transformationsprozesse übertragen kann. Konkreter beinhaltet dies
die Frage: Woher nimmt das Subjekt das Wissen und die Verhaltensformen, die bisher weder in technisch- organisatorischem Regelwissen noch in fachübergreifendem Wissen vermittelt wurden, nun aber für die Bewältigung hochkomplexer Prozeßstrukturen von Belang sind und wie werden Identitätsentwicklung und kompensatorisch-innovative Kompetenzen wie Entscheidungsfähigkeit, Selbständigkeit, Eigeninitiative etc. ermöglicht? Wie bringen die Mitarbeiter im Betrieb dieses in einer adäquaten Weise in die sich wandelnden Prozeß- und Organisationsstrukturen ein und wodurch werden die Unternehmen dabei zu lernenden Unternehmen? Ich möchte mich auf die

Frage konzentrieren, welches Wissen für die Bewältigung hochkomplexer Prozeßstrukturen an die Mitarbeiter herangetragen wird und wie die Subjekte diesen Anforderungen im Sinne produktiver und reflexiver Identitätsverarbeitung entsprechen können. Dies ist Anlaß der Frage nachzugehen, welche Professionen in der betrieblichen Weiterbildung vertreten sind und welche Denk- und Theoriemodelle professionellen Wissens vorherrschen und ob darüberhinaus die pädagogische Profession etwas anbieten könnte. Doch zunächst zu den Professionsgruppen, die gegenwärtig im Betrieb vertreten sind.

1. Weiterbildner in der betrieblichen Weiterbildung

Im Gesamtsystem der betrieblichen Weiterbildung kommt der Person des Weiterbildners eine Schlüsselrolle zu, denn sie realisiert die Konzeption betrieblicher Weiterbildung und ist Träger des qualitativen Wandels, der sich vom isoliert lernenden Individuum bis zur lernenden Organisation erstreckt. Seiner Professionalität kommt eine ausschlaggebende Rolle zu, ob und inwieweit die Weiterbildung im Betrieb in der Lage ist, die für die Zukunft erforderlichen veränderten Qualifikationen der Beschäftigten zu entwickeln (Arnold/Müller, 1992,36ff). Im Sinne einer Bestandsaufnahme analysieren die Autoren typische Rollen der "Kerngruppen" betrieblicher Weiterbildner. Zwei "Kerngruppen" von Weiterbildnern lassen sich demnach im Betrieb vorfinden:

- Typische Berufsrollen der ersten "Kerngruppe" innerbetrieblicher Weiterbildner gehören zum Bildungsmanagement und nennen sich zum Teil Seminarleiter. Sie sind jeweils verantwortlich für die Organisationsentwicklung in Verbindung mit der Klärung der Frage, welche Probleme Weiterbildungsprobleme sind, wie gegebenenfalls innerbetriebliche Weiterbildung nach Kriterien der Bedarfsermittlung zur Erhöhung der Leistungsfähigkeit der Organisationseinheit durch Effektivierung erreicht werden und wie diese zu organisieren ist, einschließlich der Durchführung von Erfolgskontrollen. Teilweise wird diese Aufgabe auch externen Trainern angetragen, die aus einer

Entfernung heraus extern den Weiterbildungsprozeß im Betrieb steuern.

- Als eine zweite typische "Kerngruppe" von Weiterbildnern bezeichnen die Autoren Trainer, die zwei verschiedene Profile präsentieren: die eine Gruppe präsentiert durch interne betriebliche Weiterbildung das Fachwissen, die andere Trainergruppe deckt als externe Experten die Lücken der Weiterbildung dezentral in den einzelnen Arbeitsbereichen ab, in denen ad hoc Innovationsstrategien implementiert werden.

Insgesamt präsentieren die Weiterbildner beider "Kerngruppen" vorwiegend zwei Professionsgruppen: Einerseits decken Bildungsmanager, Seminarleiter und externe Trainer für die Lücken des dezentralen Weiterbildungsbedarfs den gesamten Funktionszyklus von Bedarf, Planung und Beratung unter den Aspekten Bildungsmanagement und Organisationsentwicklung ab. Diese professionellen Weiterbildner sind vorwiegend Betriebswirte mit dem Schwerpunkt Personal- und Organisationsentwicklung. Betriebswirte orientieren ihr betriebliches praktisches Handeln an der Effizienz des Einsatzes von Technik und Arbeitsorganisation vom Zulieferer bis zum Kunden, d.h. aller betrieblichen Einflußmöglichkeiten hinsichtlich der Kosten, Qualität und Zeit. Darin einbezogen sind auch Kommunikations-, Qualifizierungs- und Beteiligungsstrategien, die gegenwärtig innerhalb von Personalentwicklung Konjunktur haben, um Mitarbeiter in Innovations-, bzw. Legitimationsstrategien einzubinden. Ihre Aufgabe besteht darin, technische und soziale Systeme systematischen Steuerungsprozessen zu unterziehen, um die Praxis der betrieblichen Weiterbildung effizient zu organisieren. Hierhin gehören auch Strategien zur Unternehmensphilosophien, die das Interesse an Arbeit und Beruf im Verhältnis zur Organisation nach Optimierungsgesichtspunkten zu gestalten versuchen. Grundsätzlich erweist sich betriebswirtschaftliches professionelles Handeln jeweils im Einzelfall im Betrieb.

Die andere Gruppe von Professionellen, die ebenfalls zur "Kerngruppe" von Weiterbildern zählen, sind Psychologen und sie arbeiten vorwiegend als externe Trainer. Ihr eigentliches Betätigungsfeld sind Angebote zur Intensivierung von Kommunikationstrainings, die zur selbstständigen Entscheidungs- und Handlungsfähigkeit auf bestimmten Arbeitsgebieten führen (vgl. Arnold / Müller, 1992, 40). Diese Weiterbildner decken Lücken des Weiterbildungsmarktes anstelle von Qualifizierungsprogrammen durch kommunikative Trainings und Gruppendynamik zur Durchsetzung von Innovationsstrategien ab. Zudem wird Gruppendynamik nicht mehr nur als ein Privileg von Fort- und Weiterbildung des Managements angesehen werden. Gruppendynamik zielt auf eine störungsfreie Arbeit von Gruppenprozessen, wobei Effekte von Gruppenprozessen indirekt effizient für die reibungslose betriebsinterne Organisationsstruktur genutzt werden. Sie konzentrieren sich dabei auf Fragen der Motivationsgewinnung. Zunehmend versuchen Psychologen auch in dem Bereich des Bildungsmangements mit Personaldiagnostikverfahren Qualifikationsvoraussetzungen und -anforderungen zu analysieren, um Planungsdaten für die Weiterbildung zu gewinnen (vgl. Sonntag, 1992). Innerhalb der Profession von Psychologen ist das Handlungsfeld Betrieb eine von vielen Konkretionsebenen des Einsatzes von Kommunikationstrainings.

Fachkräfte für spezielles Fachwissen können aus verschiedenen Professionsbereichen herangezogen werden, sie sind nicht in den professionellen "Kerngruppen" präsent. Darüberhinaus sind Pädagogen als Professionelle unbedeutend beteiligt, so z.B. in Fragen einer sozialpädagogischen Begleitung von Umschulungen. Das sind nur allgemeine Einschätzungen, weil hier ein erhebliches Forschungsdefizit vorliegt (vgl. Sauter, 1993, 6ff). Wenngleich die Einschätzungen über die beiden zentralen Professionsgruppen äußerst kurz skizziert wurden, kann dennoch davon ausgegangen werden, daß das professionelle Wissen naturwissenschaftlichen Theorie- und Methodologiemodellen zuzuordnen ist. Das gilt für die Psychologen ebenso wie für Betriebswirte. Beide Professionsgruppen verfügen demzufolge nicht über Wissensformen, die eine Initiierung von Lern- und Bildungsprozessen in skizzierter biographischer und historischer Dimension ermöglichen, d.h. die beiden genannten "Kern"-professionsgruppen können Wissen der geisteswissenschaftlichen, hermeneutischen Denktradition nicht aufnehmen, wenngleich dazu hier keine empirische Aussagen gemacht werden können, weil der Kern der Argumentation in eine andere Richtung zielen soll. Gleichwohl kann davon ausgegangen werden, daß beide zentrale Professionsgruppen im praktischen Handlungsfeld Betrieb in hohem Maße pädagogisches Wissen und insbesondere erwachsenenpädagogisches Wissen für die Initiierung, Durchführung und Evaluierung nachschulischer Bildungs- und Lernprozesse nutzen. Das ist Anlaß, der Frage nachzugehen, wie Lern- und Bildungsprozesse aufbereitet sein müssen, damit das Subjekt in biographischer und historischer Dimension den gegenwärtigen Selbst- und (betrieblichen) Welt- Relevanzstrukturen entsprechend, über Wissen für Lern- und Bildungsprozesse zur Bewältigung der gestiegenen Komplexität verfügen kann, das sie ihre Identität zu wahren und zu sichern erlaubt, sowie Fähigkeiten zu entwickeln, komplexe Prozeßstrukturen zu verarbeiten und durch eine angemessene Entscheidung sich an den in sich wandelnden und lernenden Unternehmen entscheidenden Relevanzstrukturen mitplanend zu beteiligen. Kann pädagogisches Wissen für die Gestaltung von Selbst- und Weltreferenzen der Subjekte als betriebliche Akteure innerhalb sich umstrukturierender Organisationen hilfreich sein und kann ein Focus pädagogischer Profession neben Betriebswirten, Psychologen etc. sinnvoll sein?

2. Pädagogisches Wissen für nachschulische Bildungs- und Lernprozesse

2.1. Zur Universalisierung und Individualisierung erwachsenenpädagogischen Wissens

Die Pädagogik ist universell geworden, was kein Zufall ist, sondern diese Entwicklung liegt in den Entwicklungen moderner Gesellschaften selbst begründet (vgl. Winkler, 1992, 135ff; 1994, 93ff; Krüger / Rauschenbach, 1994, 7ff); deshalb gilt das gleiche für ihre Teildisziplinen wie auch für die Erwachsenenbildung (vgl. Kade, 1989, 789ff; 1994, 147ffa; Meueler, 1993). Innerhalb dieser Entwicklungen ist die Allgemeine Pädagogik historisch nicht überholt noch szientifisch unbrauchbar geworden, sondern sie hat angesichts der sich abzeichnenden Tendenzen zu einer Generalisierung und Universalisierung der Pädagogik eine zunehmende Relevanz bekommen. Gleichwohl hat die Allgemeine Pädagogik den Anschluß an die expandierenden Teildisziplinen weitgehend verloren, weil sie sich fast ausschließlich als schulorientierte Bildungs- und Erziehungstheorie begreift (vgl. Krüger, 1994, 115ff). Dieses bleibt nicht ohne Auswirkungen auf die Pädagogik als Wissens- und Handlungskomplex, d.h. ihrer Profession generell und ihr Grundlagenwissen für Wissens- und Handlungskomplexe nachschulischen Lernens. Parallel entwickelten sich relativ selbständig die einzelnen Teildisziplinen von der Disziplin Pädagogik als Erziehungswissenschaft, womit ein Prozeß der Trennung von Profession und Disziplin sowie die Ausdifferenzierung verschiedener Wissensformen eingeleitet wurde (vgl. Tenorth, 1994, 17ff). Diesen Prozeß zeichnet Kade für die Erwachsenenbildung eindrucksvoll nach (vgl. Kade, 1989, 789ff; 1993, 391ff; 1994a, 147ff), der hier kurz skizziert werden soll, um in einem zweiten Schritt aufzuzeigen, welche pädagogischen Wissensformen sich in der nachschulischen Bildungs- und Qualifizierungsdiskussion durchgesetzt haben, die nunmehr die Universalisierung und Generalisierung erwachsenenpädagogischen Wissens einerseits sowie die Individualisierung von Bildungsangeboten andererseits fortschreiben. Erwachsenen- und Berufspädagogik als die entsprechenden Teildisziplinen für den Bereich des Lernens im Betrieb sind in den Prozeß gesellschaftlicher Modernisierung eingebunden und haben in den letzten Jahren Modernisierungsprozesse erfahren, die Kade für die Erwachsenenbildung zusammenfaßt als eine Universalisierung erwachsenenpädagogischen Wissens, die Tendenzen einer Entgrenzung der Erwachsenenbildungsinstitutionen sowie einer Individualisierung des Umgangs mit Bildungsangeboten und eine Pädagogisierung der Lebensführung aufweisen. Für die Berufspädagogik steht dieses noch aus; dadurch kann nicht auf entsprechende Entwicklungen für die Bearbeitung der Fragestellung zurückgegriffen werden. Um pädagogisches Handeln im Betrieb zu thematisieren, ist es m.E. wichtig, nicht nur professionelles Wissen der Erwachsenenbildung im Hinblick auf die Institution Betrieb zu konkretisieren, sondern innerhalb genereller theoretischer Strömungen die Anbindung an die Allgemeine Pädagogik und Erziehungswissenschaft erneut anzustreben.

Zunächst kurz zum Prozeß einer Universalisierung erwachsenenpädagogischen Wissens und der Entgrenzung von Erwachsenenbildungsinstitutionen. Diese Entwicklungen resultieren aus der Trennung und Differenz von Wissenschaftsbezug, Profession und Praxis, die sich in der historischen Entwicklung durch die verschiedenen und diversen Schwerpunkte des disziplinären Leistungspotentials und des erkenntnisleitenden Interesses ergeben haben. Großes Gewicht wurde zurückliegend auf die Entwicklung eines wissenschaftlichen Selbstbewußtseins innerhalb der Erwachsenenbildung gelegt, um die gesellschaftliche Bedeutung der Realität der Erwachsenenbildung als Weiterbildungsbereich aufzuweisen. Dabei galt es als unbedeutend, eine disziplinäre Eigenständigkeit und damit einen Professionsbezug zu entwickeln. Durch diese Strategien wurde die Praxis der Weiterbildung gegenüber dem Wissenschaftsbezug und der Profession zum einen aufgewertet und zum anderen Erwachsenenpädagogik außerhalb von Universitäten und Bildungsinstitutionen verstärkt zur Kenntnis genommen. Erwachsenenpädagogik diffundierte direkt und unmittelbar in gesellschaftliche Zusammenhänge, unabhängig von erwachsenenpädagogischer Theorie und Institution (Kade, 1994a, 147ff). Infolge der Universalisierung erwachsenenpägogischen Wissens kann es in Institutionszusammenhängen als ein Teil anderer gesellschaftlicher Zusammenhänge genutzt werden, weil die theoretische und normative Frage der Zuständigkeiten und Verantwortlichkeit der Pädagogik für Prozesse der Pädagogisierung der Gesellschaft von der empirischen Frage der gesellschaftlichen Gestalt der Weiterbildung abgetrennt ist - erwachsenenpädagogisches Wissen kann universell genutzt werden. Der in den letzten Jahren separat laufende Entwicklungsprozeß von Disziplin und Profession erweist sich dabei als folgenreich: Erstens ist die Ausbreitung erwachsenenpädagogischen Wissens nicht notwendigerweise mit der Zunahme professioneller Handlungsfelder, der Ausdifferenzierung von Ausbildungsgängen etc. identisch. Zweitens verändert dies das Verhältnis von pädagogischer Theorie und pädagogischer Praxis, das bedeutet:

Wie mit pädagogischer Theorie in der Weiterbildung praktisch umgegangen wird, hängt nicht von den Interessen der Disziplin ab. Drittens wird damit eine Voraussetzung geschaffen, pädagogische Wissenschaft mit der pädagogischen Praxis auf die gleiche Ebene zu setzen, so daß beide, wenn auch unterschiedlich, als historische Konkretisierungen einer allgemeineren Dynamik, nämlich der Vergesellschaftung von Wissensvermittlung, begriffen werden können (vgl. Kade, u.a., 1991, 42).

Parallel verlief der Prozeß der Entgrenzung von Erwachsenenbildungsinstitutionen. Weiterbildung ereignet sich nicht mehr nur in dafür zuständigen Institutionen, sondern quer über diverse gesellschaftliche Funktionssysteme hinweg; sie ist als Funktion gesellschaftlich ohne Entwicklung eines eigenständigen Systems einsetzbar: Pädagogische Praxis findet außerhalb von pädagogischen Institutionen und unabhängig von professioneller Veranwortung und Betreuung in den unterschiedlichsten gesellschaftlichen Handlungskontexten statt. Das hat Auswirkungen auf den Umgang mit ihren Bildungsangeboten, die nunmehr universell in verschiedenen kommunikativen Sinnzusammenhängen rekonstruiert werden können. Die gesellschaftliche Strukturierung von individueller Aneignung tritt aus der Exklusivität pädagogischer Institutionen in die Mitte des sozialen und kulturellen Lebens. Sie geht von der Form pädagogischer Institutionen als Bildungsangebote in pädagogisch strukturierte Aneignungsverhältnisse über (vgl. Kade, 1994a, 155), bzw. die erwachsenenpädagogische Institution ist nicht mehr exklusiver Ort pädagogischen Wissens. Aus dieser Perspektive kommt es dann nicht primär auf die Subjekte an, sondern auf die Art und Weise, in der sie sich als Erwachsene an der Reproduktion jeweiliger Sinn- und Kommunikationszusammenhänge beteiligen (vgl. Harney, 1993, 385ff), bzw. wie sie innerhalb professioneller Strategien in effiziente Sinn- und Kommunikationsstrategien im Betrieb einbezogen sind. Die Folgerung der Pädagogisierung der Lebensführung ist naheliegend. Daraus leitet Kade ab, daß die Erwachsenenpädagogik sich stärker als bisher als eine erziehungswissenschaftliche Disziplin und nicht nur einer schulorientierten Bildungs- und Erziehungstheorie verstehen müsse, wobei sie an anderere Denk- und Theoriemodelle als für schulorientierte Fragen zuständig, anknüpfen muß. Sie muß sich kategorial für allgemeine pädagogische Fragen öffnen sowie die Fixierung auf pädagogische Institutionen im Erwachsenenbereich aufgeben.

2.2. Typen erwachsenenpädagogischen Wissens im Betrieb

Um diesen Gedanken für pädagogisches Handeln innerhalb interdisziplinärer Aspekte fruchtbar zu machen, soll zunächst auf die Allgemeine Pädagogik zurückgegangen werden, die sich in der Tradition der Schulentwicklung verortet. In dieser Tradition hat sie einen pädagogischen Gegenstand und erziehungswissenschaftliche/ pädagogische Institutionen. Zudem findet in bestimmten pädagogischen Feldern unter relativ klaren Aufgabenumschreibungen Erziehung, Bildung und Qualifizierung statt. Wesentlicher Bestandteil dieser Entwicklung und Ausdifferenzierungsprozesse sind systematische Fragen der Konstruktion pädagogischen Wissens als Wissens- und Handlungskomplex für eine professionelle Tätigkeit in pädagogischen Feldern, um eine unmittelbare Verbesserung pädagogischer Handlungsvollzüge zu erlangen. Die pädagogische Disziplin, die spezielle Profession und die darauf bezogenen theoretischen Wissensformen für praktisches Handeln in pädagogischen Institutionen beziehen sich hier bildungspolitisch aufeinander. Disziplin, Wissensformen und Profession für praktisches Handeln fallen hier nicht auseinander, wodurch sich der Kern pädagogischen Wissens auf den Theorie- und Praxiszusammenhang bezieht, der zwar für den Schulbereich konstitutiv, jedoch für den nachschulischen Bereich problematisch ist. Dieser Wissenstypus pädagogischen Wissens für pädagogisches Handeln thematisiert die Vermittlung fachspezifischen Wissens, d.h. die Didaktik. Die Ausdifferenzierung diesen Wissens ist der wesentliche disziplinäre Kern der Pädagogik und ist in seinen Kernelementen von der schulorientierten Bildungstheorie auf den nachschulischen Bereich übertragen worden, obgleich die Schulbedingungen nicht für den nachschulischen Bildungsbereich zutreffen, da sie universell in anderen Kontexten wie Kade ausführt, genutzt werden. In der Fixierung auf schulorientierte Lernprozesse ist dadurch ein Wissenstypus dominant geworden, der sein anwendbares Handlungswissen für die unmittelbare Verbesserung pädagogischer Handlungsvollzüge einsetzen will. Dewe bezeichnet dieses Handlungswissen als ersten Wissenstypus, der im Betrieb Anwendung erfahren hat. Für Lernprozesse genutzt, neigen didaktische Modelle von ihrer Anlage her dazu, die in Bildungsprozessen ablaufenden Handlungstrukturen auf das Problem eines reinen Lehr-/Lerngegenstandes zu reduzieren. Sie bleiben der Objektperspektive für den Erwerb fachlichen Leistungswissens verhaftet. Dadurch wird nicht die für Erwachsene typische Konstitution von Bildung als soziale Aktion reflektiert (vgl. Dewe, 1994, 12), d.h., Theoriemodelle eines geisteswissenschaftlichen und hermeneutischen Denktypus kommen innerhalb dieser Vermittlungsformen betrieblicher Weiterbildung nicht vor. Durch die Dominanz schulorientierter fachdidaktischer Modelle in der betrieblichen Weiterbildung wird ein wesentlicher Unterschied zwischen schulischer und nachschulischer Ebene eingeebnet: die Didaktisierung schulischer Bildung geht davon aus, daß Kinder und Jugendliche in der Schule Lernanforderungen akzeptieren, weil der Verweis darauf, daß man später schon sehen werde, wozu man dieses jetzt lernen (müsse), genüge. Wissenserwerb kann deshalb einen grundlegenden Sinn haben, von dem Schüler wie Lehrer überzeugt sind (vgl. Peters, 1991, 29; 1994). Innerhalb dieser Theorieangebote sowie den Methoden für die Didaktisierung von Lern- und Bildungsprozessen wird, aus der Schulpädagogik verlängert, das Lerngeschehen nicht als subjektives bedeutsames Handeln verstanden, sondern als relativ "blindes" Verhalten im Sinne einer Reaktion auf vorgegebene, in der Lernsituation angebotene Stimuli (vgl. Dewe, 1994, 12f). Innerhalb diesen Wissenstypus wird in diesen Theorien der Begriff des "Lernenden" reduktionistisch im Sinne eines Trägers verschiedener Rollenqualifikationen und Verhaltensrepertoires und weniger im Sinne eines deutungsmächtigen, konstruktionsfähigen, aktiv handelnden Subjekts gefaßt (ebenda). Innerhalb betrieblicher Weiterbildung ist dieses Wissen in fachliche Vermittlungsprozesse eingebunden, die nach dem Muster einer empirisch- rationalen Strategie ein sich selbst legitimierendes und unproblematisches Wissen verteilen, das sich in technisch- organisatorisches Regelwissen weitgehend konfliktfrei etablieren läßt. Zudem ist darin die Bedingung gegeben, daß die Organisation in ihrer Stabilität durch die Verbreitung entsprechenden Leistungswissens gesichert ist und dessen Verbreitung und individueller Erwerb weitgehend indifferent gegenüber den normativen Orientierungen der Mitarbeiter bleibt (vgl. Dewe, 1994, 107f). Dies wird durch didaktische Prinzipien abgestützt, in denen ein solches Lernen von Inhalten und Ergebnissen ausgeht, die Experten und Außenstehende für anstehende Aufgaben in Form von Qualifikationsanforderungen festgeschrieben haben und die in einem bestimmten Aufbau gelernt werden müssen (vgl. Peters, 1992, 353). Diese Form betrieblicher Weiterbildung wird von verschiedenen Fachkräften als Trainer vermittelt.

Der zweite Wissenstypus betrieblichen Wissens ist gruppendynamischen Strategien zuzuordnen und nur zum Teil erwachsenenpädagogisches Wissen. Dewe charakterisiert den professionellen Einsatz von gruppendynamischen Trainings folgerdermaßen: "Die thematischen Gegenstände der Kommunikation sind auf die 'hier- und jetzt-Erlebnisse' innerhalb der Gruppe beschränkt. Die biographischen und historischen Bedingungen, aus denen diese Erlebnisse zu interpretieren sind, bleiben in der Kommunikation tabuisiert. Gleiches gilt für den Sozialstatus der Teilnehmer, der mit der Ausblendung lebensgeschichtlicher, biographischer und historischer Dimensionen nicht in den Kommunikationsprozeß einbezogen wird. Schließlich gilt als generelles Merkmal, daß unter diesen Bedingungen Wissensbestände nur als Vehikel zur Thematisierung gruppeninterner, emotionaler Bewertungen und Austauschprozesse auftreten, so daß es zu einer Priorität der emotionalen vor der kognitiven Dimension kommt" (Dewe, 1994, 104f). Dieser Wissenstypus bleibt durch die Konzentration auf therapeutische Prozesse gegenüber der Legitimation innerorganisatorischer Herrschaft folgenlos, weil es nur an aktionistische Erfahrungsmomente ohne handlungsanleitenden Sinn anknüpft und nicht die Subjektperspektive einnimmt (vgl. Peters, 1991, 21ff). Diese Form der Weiterbildung wird von Psychologen, teilweise von Pädagogen angeboten.

Im Anschluß an eine Neuakzentuierung des normativ- hermeneutisch pädagogischen Wissenstypus thematisiert Dewe einen dritten Wissenstypus, den er einer normativ- reedukativen Strategie innerhalb der Theoriebildung in der Erziehungswissenschaft zuordnet. Hierin werden Fragen einer Konstitution von Lebenswelt als originäre Leistung einer transzendentalen (Inter-) Subjektivität angesprochen, wenn etwa Wissensbestände innerorganisatorisch nicht mehr als bloßes selbstverständliches Leistungswissen verbreitet werden können und wenn in Prozessen der betrieblichen Weiterbildung soziale Beziehungen hergestellt werden müssen, die durch Rückgriff auf die Individualität der Beteiligten Intersubjektivität in der Wahrnehmung der curricularen Wissensbestände erfordern, um bei allen Umstrukturierungen Identität und Entscheidungsfähigkeit zu ermöglichen. Der Inhalt solcher Weiterbildungsprozesse ist dann nicht mehr - wie im ersten Typus - von Strategien als neutrales, objektives "Wissen" oder auch nicht mehr - wie im zweiten Typus - als quasi privat gemeinte "Einstellung" zu klassifizieren, sondern sie erhalten den Stellenwert von Deutungsmustern, mit denen sich das Individuum in seiner biographischen Verarbeitungsweise einbringt und durch diese Strategien Verhaltensweisen und Werte in innerorganisatorische Zusammenhänge zur Disposition stellt. Darin kommt der erklärende Denktypus in geisteswissenschaftlicher und hermeneutischer Tradition zum tragen, der die Innenperspektive der Subjekte thematisieren will. Kriterien einer solchen Strategie betrieblicher Weiterbildung geraten nach Dewe in Konflikt mit Strategien bürokratischer Effizienz, die die übrige Organisation beherrschen. Der Autor schlägt vor, danach zu fragen, ob Aktivitäten der betrieblichen Weiterbildung, die in Betrieben und Organisationen als "temporäres System" innerhalb der Kooperation neben den ansonsten vorherrschenden Arbeitsprozeß eigenständige Bildungsprozesse zu etablieren zulassen, die organisatorisch diesen Konflikt verarbeiten können und wie in diese Verarbeitung Wahrnehmungsstrukturen von sozialer Realität im Medium der betreffenden Wissensbestände gesteuert werden (vgl. Dewe, 1994, 108).

Fachbezogenes "neutrales" Wissen sowie Wissen für Einstellungsänderungen ist Wissen, das ohne pädagogische Professionsbezüge zu vermitteln ist. Es hat sich allgemein gesellschaftlich durchgesetzt und wird selbstverständlich auch in unterschiedlichen Bereichen von Nicht- Pädagogen - im Sinne eines allgemein zur Verfügung stehenden kulturellen Musters für jeweils spezifische Zwecke - adaptiert, ohne daß die Professionellen sich deren Herkunft bewußt sind, bzw. pädagogisches Wissen wird von anderen Professionszusammenhängen genutzt, ohne auf die pädagogische Professionsdiskussion Bezug zu nehmen, noch werden jene Veränderungsprozesse im Blickwinkel der berufsfeldbezogenen Teildisziplin Erwachsenenpädagogik gesehen (vgl. Kade, u.a. 1991; Kade, 1994a, 147ff). Für den dritten Wissenstypus ergibt sich eine andere Situation, denn da dieses Wissen nicht ohne weiteres in andere Sinn-, Kommunikations- und Leistungsbezüge sowie Professionszusammenhänge fern von Bildungsintentionen effizient integriert werden kann, konnte es sich bisher in der betrieblichen Praxis auch kaum niederschlagen. Dieses deshalb nicht, wie Dewe es formulierte, weil Kriterien einer solchen Strategie betrieblicher Weiterbildung mit Strategien bürokratischer (tayloristischer) Effizienz in Konflikt geraten. Wenn jedoch derzeit in Betrieben eine Umbruchsituation gegeben und die Dominanz des herrschenden naturwissenschaftlichen Paradigmas in Frage gestellt wird, ist nach Wegen zu suchen, wie durch die Anwendung und Ausdifferenzierung eines hermeneutischen Paradigmas die Subjektperspektive zu konkretisieren ist.

3. Die Perspektive der Subjekte unter Aspekten pädagogischen Handelns im Betrieb

3.1. Zur Hereinnahme der virtuellen Perspektive des Subjekts in die Wissensformen pädagogisch- professioneller Disziplin

In der Skizzierung der beiden erstgenannten Wissenstypen zeichnete sich ab, daß diesen Modellen gemeinsam ist, daß sie aus einer Außenperspektive die im Betrieb herrschenden Sinn- und Kommunikations- sowie Funktionszusammenhänge an die Individuen und Gruppen herantragen, aber keinen originären Zugang zu den Interessen der von Bildung und Qualifizierung Betroffenen, den Subjekten, haben.

Ansätze einer normativen Öffnung zum Subjekt sieht nur der drittgenannte Wissenstypus, der innerhalb des normativ- hermeneutischen Kontextes verortet wurde, vor. Die folgenden Überlegungen über pädagogisches Handeln schließen an Überlegungen diesen Wissenstypus an. Um jedoch die virtuelle Perspektive des Subjekts argumentativ entfalten zu können, muß das Verhältnis von Objekt- und Subjektperspektive für pädagogisches Handeln näher skizziert werden. Dabei ergibt sich eine Schwierigkeit, die die Allgemeine Pädagogik grundsätzlich betrifft. Es handelt sich um das Problem, daß innerhalb pädagogischer Hermeneutik im Rückgriff auf die Schule die Pädagogik methodologisch nicht über ein Methodenrepertoire zum Verstehen der Lebens-, Bildungs- und Arbeitswirklichkeit verfügt, in welcher die durch Deutungen gewonnenen Sinnstrukturen als auch subjektive Erlebnisse oder Empfindungen der Subjekte darstellbar werden. Diese Prozesse des Verstehens beschränken sich im drittgenannten Wissenskontext grundsätzlich auf die direkte Interaktion, und es geht normativ um das Verstehen-Wollen, nicht aber darum, wie in Professionszusammenhängen das Verstehen anwendbar wird, weil das Lerngeschehen, wie beschrieben, in schulorientierter Didaktik nicht als subjektiv bedeutsames Handeln verstanden wurde. Für Qualifizierungs-, Entscheidungs- und Beteiligungsstrategien innerhalb von Prozeßsturkturen wird die Bewältigung von Selbst- und Weltreferenzen aus der Subjektperspektive innerhalb des dritten Wissenstypus erforderlich, was eine neue Anbindung an die Allgemeine Erziehungswissenschaft bedeutet. Dies soll im folgenden skizziert werden.

Subjektorientierung als die Hinwendung auf die Struktur, Beschaffenheit und Interessengerichtetheit von Lern- und Bildungsprozessen aus dem Blickwinkel der Konstitutionsproblematik vom Subjekt und seiner Lebensführung, läßt sich in zwei theoretischen Strängen denken. Der erste Strang beinhaltet Selbstbestimmung und Autonomie und der zweite Entwicklung und Entfaltung der konkreten Subjekte. Es ist erforderlich, auf die Unterscheidung beider Theoriestränge hinzuweisen, weil erst der zweite theoretische Strang Potentiale der Entfaltung einer hermeneutischen Denkrichtung aufnehmen kann. Die Verwirklichung von Selbstbestimmung und Autonomie ist z.B. bei

Habermas eine moralische Kategorie und zielt auf das abstrakte Subjekt. Dabei wird Selbstbestimmung universell verstanden und das Subjekt hat sich daraufhin auszurichten, abstrakt und universell Anerkennung zu erfahren. Die Autonomie des Individuums wird nun dadurch erzielt oder bewahrt, daß durch die Teilnahme an einer (unbegrenzten, universellen) Kommunikationsgemeinschaft das Handeln des Individuums als moralisch richtig anerkannt wird. Für pädagogisches Handeln bedeutet das, daß sich der Blickwinkel auf das Subjekt dabei aus einer objektiven Perspektive richtet. Das Interesse an dem Subjekt konzentriert sich aus der Sicht der Gesellschaft auf dessen Fähigkeiten und die Art der Bewältigung, d.h. darauf, ob es sich deviant verhält etc. Dabei handelt es sich um eine normativ geleitete Außenperspektive, die an das Subjekt erklärend herangetragen wird. Diese Perspektive ist in Gesellschaft, Institutionen sowie im Kontext professionellen disziplinäres Wissens etc. ausdifferenziert, verfügbar und es herrscht weitgehend Konsens darüber, daß alle in spezifischer Weise jeweils über Kriterien eines "richtigen" Diskurses und seiner Aneignung verfügen. Bezogen auf die Wissensformen, die im Betrieb konstitutiv werden, beinhaltet dies, daß Fragen der Didaktisierung, gruppendynamischen Wissens sowie betriebswirtschaftliches Organisations- und Personalentwicklungswissens in diesem Sinne normatives Wissen vermitteln und damit Autonomie, Selbstbestimmung, Entscheidungsfähigkeit abstrakt an das Individuum herantragen. Da dies aus der Objektperspektive an das Subjekt herangetragen wird, bedeutet das, daß sich das Subjekt entsprechend den gegebenen und normativ wirkenden Sinn- und Kommunikationszusammenhängen anzupassen hat, bzw. abstrakte Forderungen zur Verwirklichung von Autonomie etc. bleiben z.B. gegenüber der Legitimation innerorganisatorischer Herrschaft weitgehend folgenlos. Abstrakt und universell wird durch Rückgriff auf die Individualität der Beteiligten normativ Subjektivität erzeugt und damit betrifft es nicht Überlegungen, welche Wissensformen für das Verstehen der Innenperspektive der Subjekte erforderlich wären, wodurch keine Intersubjektivität hergestellt werden kann. Das wird erst durch die Hereinnahme von Deutungsmustern der Betroffenen ermöglicht, wie es im dritten Wissenstypus theoretisch angedacht ist.

Deshalb ist der andere Strang, der die Entwicklung und Entfaltung zur Subjektivität argumentativ aufzeigen will, zu skizzieren. Das Subjekt ist im Kontext von Lebenswelt und Einbindung in die betriebliche Organisation nicht abstrakt und universell; es ist in seiner Form von Selbstverwirklichung und in biographischen Selbst- und Weltreferenzen zu sehen; es ist das konkrete, nicht das abstrakte Subjekt. Es ist folglich nicht nur in seiner Abstraktion, sondern vielmehr in Abhängigkeit von seinen Bedürfnissen, Affekten, Wunschvorstellungen, Wertungen und vor allem seinen Zielen z.B. in innerbetrieblichen Strukturen und Wertkontexten zu denken (Cooke, 1994, 61ff). In der Ausrichtung auf die Selbstverwirklichung muß das Subjekt kontextgebunden in seiner Lebenswelt abhängig gedacht werden. Selbstverwirklichung ist eine ethische und keine moralische, abstrakte und normative Kategorie. Insofern muß das Subjekt den Diskurs von Selbst- und Weltreferenz, bzw. handeln zwischen Effizienz und subjektiver Relevanz, in seiner Gruppe und Lebenswelt führen und muß Ziele mit Angehörigen seiner Lebenswelt, dem Team, teilen können, bzw. dies in Lern- und Bildungsprozessen ermöglicht bekommen (vgl. Peters/Weddig, 1994, 76ff). Entsprechend ist die Diskussion über pädagogisches Handeln innerhalb des dritten Wissenstypus weiterzuführen. Pädagogisches Handeln durch Professionals hieße m.E., nicht aus der Außenperspektive ein bestimmtes Theorie- und Praxisverständnis an Adressaten in einem definierten Umfeld Betrieb heranzutragen. Die Bewußtmachung und Veräußerungsform der Innenperspektive der Beteiligten als Selbstakteure im Sinne individueller und kollektiver Akteure betrieblicher Weiterbildung ist zu unterstützen. Deshalb müßte sich eine pädagogische Profession stärker dadurch auszeichnen, daß konsequent die Innenperspektive der Mitarbeiter und ihre Setzung ermöglicht wird, statt daß von außen Kriterien der Beobachtung herangetragen werden. Fragen von Disziplin und Profession sind folglich nicht aus superiorer Position heraus zu entwickeln und der Prozeß der Subjektentwicklung ist in Kollektivformen des Alltags im Betrieb zu unterstützen. Das Subjekt kann nicht mehr allein in der Abstrak-

tion durch die Disziplin und Professioniellen gedacht werden und aus professioneller Perspektive ist der Glaube aufzugeben, daß das Subjekt in Abstraktion seiner Bedürfnisse, Affekte, Wunschvorstellungen, Werte und Ziele gedacht werden kann.
Diese Perspektive ist als virtuelle biographische Perspektive Gegenstand beruflicher Weiterbildung und ist zu entwickeln.

3.2. Aspekte pädagogischen Wissens zur Darstellbarkeit der virtuellen Perspektive des Subjekts

Es gilt, die Interessenperspektive der betroffenen Erwachsenen innerhalb der Arbeitstätigkeiten im Kontext sich wandelnder Organisationsstrukturen im Betrieb konsequent in den Blick pädagogisch-professionellen Handelns zu nehmen. Dies bedarf eines professionellen pädagogischen Handelns, das pädagogisches Wissen und entsprechende Vermittlungsformen anbieten kann. Pädagogisches professionelles Handeln hat an den argumentativ vertretenen Interessen anzusetzen und nicht da, wo der Weiterbildner aus abstrakter Perspektive meint, daß das die Interessen seien. Interessen der beteiligten subjektiven und kollektiven Akteure innerhalb betrieblicher Interessensstrukturen wandeln sich, wie Management- und Produktionskonzepte keine statischen Eckpfeiler sind. Bei Aufrechterhaltung von Kontingenz können sich aufgrund der biographischen Zeitachse oder durch Krisenformen Interessen verändern, überlagern, etc. Zudem werden sie immer wieder durch neue Strategiekonzepte innerhalb von Organisationsentwicklung stimuliert. Es ist insgesamt eine doppelte Perspektive zu beachten: Zum einen ist zwischen individuellem und kollektivem Subjekt und zum anderen zwischen den (Gesamt-) Subjekten und der Organisationsentwicklung im Betrieb zu vermitteln. Dazwischen ist pädagogisches Handeln anzusiedeln, wobei es m.E. zunächst unerheblich ist, ob dieses nun ein professioneller Bestandteil von Bildungsmanagementstrategien oder direkt von pädagogischen Professionals aufgenommen wird.

Wenn Erwachsenenbildung als universelles Wissen überall stattfindet und dabei Selbstentfaltung normativ beansprucht wird, ist es denkbar, das Selbstentfaltung faktisch gefördert, verhindert, verzögert etc. werden kann (vgl. Dörre u.a. 1993, 15ff). Dies muß den Betroffenen jedoch reflexiv zugänglich sein, damit sie virtuell damit umgehen können. Hier ist zur Initiierung von Lern- und Bildungsprozessen entschieden der Blick auf methodologische Verfahren zu richten, mit denen die Bedürfnisse, Belange, Interessen zur Selbst- und Weltwahrnehmung zur Sprache kommen können. Die Hereinnahme qualitativer Forschungsmethoden, bzw. die Hereinnahme des interpretativen Paradigmas in pädagogisch disziplinäres Wissen sowie eine generelle Einbindung in die Allgemeine Pädagogik ist unerläßlich (vgl. König, 1991, 49ff; Marotzki, 1990). Es ist folglich an Überlegungen innerhalb der Richtung der Erwachsenenbildung anzuknüpfen, die die virtuelle Perspektive durch den Deutungsmusteransatz fruchtbar zu machen versucht. Die Deutungsmusteranalyse ist zunächst eine soziologische Theorie und befaßt sich damit, wie Wissen in Kollektiven verteilt ist und in welchen individuellen Varianten es auftritt. Innerhalb der Erwachsenenbildung wird versucht, durch Deutungsmuster den Zugang zur virtuellen Perspektive des Einzelnen zu gewinnen, um mit Hilfe empirisch gesichertem Wissen Deutungen und Orientierungen von Selbst- und Weltreferenzen von Angehörigen verschiedener Lebenswelten transparent zu machen. Sie versuchen aufzuzeigen, wie Individuen in freiwilligen sowie zugemuteten Lern- und Qualifizierungsprozessen relevante Deutungen innerhalb einer biographischen Lebenslaufphase aufbauen. Deutungsmuster von Lebenswelten können zwischen der Sozialstruktur und den Subjekten vermitteln (vgl. Dewe, u.a. 1988 u.v.a. Autoren; direkte Forschungsarbeiten dazu s. Arnold, 1983; Kade, 1989; Peters, 1991). Hier steht jedoch ein erheblicher Forschungsbedarf aus, der als disziplinäres Wissen aufgearbeitet und worauf als professionelles Wissen zurückgegriffen werden könnte. Gleichermaßen ist ein solches Forschungsansinnen für die Verwendung professionellen Wissens nicht problematisch, weil sich Deutungen und Orientierungen innerhalb von Lebenswelten kollektiv wie individuell in Wechselwirkung von gesellschaftlichen strukturellen Entwicklungen ständig wandeln. So könnte eine Situation entstehen, daß ein genügend großer Wissensbestand für disziplinäres Wissen bereit stehen würde, daß dieser jedoch in seiner Struktur - d.h. bis er Bestandteil disziplinären Wissens ist - veraltet und für die disziplinäre Wissensvermittlung angehender Professionsangehörigen hinfällig wäre. Gleichwohl ist es wichtig, diesen Forschungsbereich auszubauen, um in einem umfassenderen Sinne nicht nur den verobjektivierten Zugang zu biographischen Zugängen zu haben, sondern um daraus den Lern- und Bildungsprozeß als reflexive Lebenslaufplanung aus virtueller Perspektive in antizipatorischer Absicht transparent zu halten.

Das andere Problem betrifft die Anwendung qualitativer Forschungsmethoden, die klassisch als narrative Interviews durchgeführt werden. Sie sind innerhalb alltäglichen pädagogischen Handelns unter institutionellem Druck ebenfalls weder direkt anwend- noch auswertbar. Zudem müßte für pädagogisches Handeln unterschieden werden zwischen narrativen Forschungsmethoden, die generelle Auskünfte über Deutungen in lebenslauforientierten Entwicklungen geben und solchen Orientierungen und Entscheidungen, die in konkreten Situationen das direkte situationsgebundene Handeln der Akteure sowie der Professionellen betreffen. Innerhalb diesen Kontextes geht es um die Frage, wie Situationen in Kommunikations-, Beteiligungs- und Entscheidungskontexten so zu gestalten sind, daß die Akteure aus ihrer Innenperspektive heraus sich einbringen können. Es ist darüber nachzudenken, wie ein qualitativer Einsatz von Methoden methodologisch möglich wird, der subjektive Momente der Innenperspektive unter der biographischen Zeitachse von Bilanzierung und Antizipation auf den Weg bringen und den Betroffenen eine reflexive Lebensplanung innerhalb eines Lebens- und Arbeitskontextes ermöglichen kann (vgl. Giegel, 1988, 211ff). Es müssen folglich qualitative Forschungsmethoden für alltägliches pädagogisches Handeln in alltäglichen betrieblichen Situationen arrangierbar werden.

Um auf die Ebene betrieblichen Handelns zurückzukommen, beinhaltet dies Fragen, wie neben den derzeit auf dem Managementmarkt gehandelten Methoden, - die Informations- und Kontrolltechniken, Planungs- und Entscheidungstechniken sowie Organisations- und

Planungs- und Entscheidungstechniken sowie Organisations- und Führungstechniken umfassen -, ein neuer Typus von Wissen und davon abhängigen Methoden verortet werden kann, der dezidiert Denk- und Theorieformen des naturwissenschaftlichen Prinzips verläßt. Zwar sind innerhalb von Organisations- und Führungstechniken Kreativitäts-, Problemlöse- und Motivationstechniken bereits integriert, die innerhalb eines neuen Methodentypus pädagogischer Methoden gleichermaßen denbar wären. Der neue Typus sollte sich mit Methoden befassen, die die Selbstreferenz innerhalb von Teams in Organisationsentwicklungsprozessen durch das gezielte Arrangieren von (Konflikt-) Situationen darstellen. Sie sind in Forschungsworkshops und in Verbindung mit der Anwendung qualitativer Forschungsmethoden zu entwickeln und einzuüben, wie in etwa die didaktische Kompetenz auch geübt werden muß. Hier ist gegenwärtig eine theoretische, methodologische und forschungsempirische Leerstelle, über die nachgedacht werden muß.

Es ist m.E. wichtig, qualitative Methoden in mehrfacher Hinsicht im pädagogischen Handeln aufzunehmen. Im Studium sollte auf drei verschiedenen Ebenen Methoden erworben werden, die zudem miteinander in Korrespondenz treten sollten, also nicht isoliert vermittelt werden:

- Auf der ersten Ebene sind qualitative Forschungsmethoden in Form von Praxisphasen und Forschungsworkshops zu erwerben und anzuwenden, um die virtuelle Perspektive der Akteure in ihren eigenen Deutungs- und Wissenskontext zur Sprache zu bringen. Dabei geht es darum, die hinter den Äußerungen liegenden Wirklichkeiten den Betroffenen als Ganzes verfügbar zu machen, daß die Anforderungen innerhalb von Qualifizierung und Beteiligung ganzheitlich aus den Erfahrungen transparent werden können. Das ermöglicht, Identität zu erfahren. Ihre Relevanz läge z.B. in der Initiierung von Qualifizierungs- und Beteiligungsstrategien, Gesundheits- und Arbeitszirkeln u.a. möglichen innovativen Teamstrukturen, deren Zielsetzung wesentlich von den Gruppen abhängig sind. Für pädagogisches Handeln könnten hier u.a. Aspekte wie Fragen, Forschen und Finden, die Meueler vorschlägt, konstitutiv werden (vgl. Meueler, 1993, 198).

- Auf der zweiten Ebene sollten Methoden eine Anwendung finden, die den Betroffenen die Darstellbarkeit ihrer Interessen bei Qualifizierungsvorhaben zur Initiierung von Lern- und Bildungsprozessen ermöglichen und gleichermaßen im Denken und Handeln alternative Optionen transparent machen. Hierzu gehören u.a. die erwähnten problem-, kreativitäts- und motivationsfördernden Methoden, die jedoch reflexiv an das Interesse der Akteure zurückzubinden sind sowie den rationalen Kern der Situationsanforderung und die Interessen an der Situationsbewältigung freilegen.

- Auf der dritten Ebene sind Methoden zu vermitteln, die Handeln unter Druck betreffen und schnelle, eindeutige Entscheidungen abverlangen. Hier kann z.B. durch Visualisierungen Handeln und Reaktion festgehalten werden, damit in einem zweiten Durchlauf der Interpretation das Verhältnis von beabsichtigtem und tatsächlichen Handeln transparent wird (vgl. z.B. Wahl, 1991). Hier geht es u.a. darum, Routinehandeln von innovativen Handlungsweisen unterscheidbar zu machen.

Erst eine kontinuierliche Verknüpfung als Handlungswissen und eine damit zusammenhängende Anwendung könnte die virtuelle Perspektive aufnehmen (vgl. Harney/ Strittmatter, 1994, 185ff). Dadurch könnte pädagogisches professionelles Handeln neue Impulse bekommen, zudem sind dies andere Methoden als die erwähnten Informations- und Kontrolltechniken sowie Planungs- und Entscheidungstechniken, die aus den Veränderungen der Managementstrategien resultieren und einen rationellen, effektiven Arbeitseinsatz beabsichtigen. Die hier skizzierten Methodenarrangements lassen sich als Ergänzung in dem Sinne zu Managementstrategien denken, daß nicht nur auf der Ebene des Managements Methoden zur Bewältigung von Umstrukturierungen erforderlich, sondern die Mitarbeiter auf allen Funktionsebenen aktiv als Akteure einzubinden sind. Damit bekommen zwei bisher zentrale Aspekte der Weiterbildung einen neuen Stellenwert. Der erste Aspekt betrifft Fragen des Verhältnisses von Theorie und Praxis. Dieses Verhältnis ist nicht mehr allein ein Problem der Vermittlung und damit ein Problem von Didaktik und Curriculumdiskussion. Eine Fortschreibung dieser Elemente in einem Qualifizierungsprofil für den Bildungsmanager in der Zukunft würde eine Tradition fortschreiben, die für eine Reflexion pädagogischen Handelns keinen Bezug herstellen kann (vgl. Bruch, u.a. 1994, 347ff). Es läßt sich auch folgendermaßen formulieren: Wird das Verhältnis von Theorie und Praxis weiterhin als ein didaktisches Problem gesehen, entspricht dies einer Sichtweise, die aus dem verkürzten disziplinären Selbstverständnis der Erwachsenenbildung resultiert, die sich in der Folge der schulbezogenen Bildungstheorie dominant auf die Didaktik als zentralen Gegenstand pädagogischen Handelns zuwandte. Pädagogische Praxis ist heute nicht mehr Praxis eines Theorie- Praxisverhältnisses, sondern Erwachsenenbildung und auch Berufspädagogik sind als disziplinäres Wissen innerhalb von Weiterbildung in andere Sinn- und Kommunikationszusammenhänge diffundiert und universell geworden. Demzufolge findet Lernen, Bildung und Qualifizierung in Wirkungs-, Sinn- und Kommunikationszusammenhängen anderer Funktionsbereiche und Organisationen wie Betriebe statt. Dabei sind deduktive Ableitungsformen von Theorie zur Praxis, die mit Hilfe von Didaktiken Fachwissen erklärend an die Lernenden herantragen, für die Weiterbildungspraxis marginal geworden. Berufliches Fachwissen präsentiert nicht mehr allein den dominanten Wissenstypus.

Der zweite Aspekt betrifft praktisches professionelles Handeln im Alltag. Aber auch die Diskussion konzentriert sich auf das Professionswissen und seine Anwendung selbst und ist ebenfalls Teil disziplinären Wissens der Außen- und Objektperspektive. Hierin wird unter Professionsorientierung thematisiert, wie Professionswissen im Alltag funktioniert und sich praktisches Handeln konstituiert, das sich gegenüber theoretischem, pädagogischem Orientierungs- und Handlungswissen verselbständigt. Dabei wird davon ausgegangen, daß sich im Alltag Professionals nicht von den zur Profession gehörenden Theorien leiten lassen, sondern sich eines theorieabgesunkenen Wissens bedienen, wobei die Alltagspraxis eine eigene Dynamik entwickelt (vgl. Dewe/ Radtke, 1991, 143ff; König/ Zedler, 1989). Es geht dabei darum, disziplinäres Wissen durch Methoden anzureichern, so daß angehende Professionals die Dissonanzen zwischen wissenschaftlicher Erkenntnis und praktischem Handeln bewußt wahrnehmen. Diese Theorien werden insbesondere für die Weiterbildung mit Lehrern diskutiert. Überlegungen innerhalb dieses Ansatzes weisen eine hohe Gemeinsamkeit mit der Deutungsmusteranlyse auf, und es ist der Versuch, das Verhältnis zwischen Disziplin und Profession als strukturtheoretische Professionsdebatte zu führen, wodurch die Logik professionellen Handelns erfaßt werden soll. Die Weiterentwicklung dieser Diskussion ist innerhalb der hier skizzierten Zielsetzung einer pädagogischen Profession nicht zentral, gleichwohl ist sie in ihrer Wirkung innerhalb professionellen Handelns insofern von Belang, als daß sie auf die Bedeutung methodischen Wissens verweist und z.B. auf der dritten Methodenebene sinnvoll eingebunden werden könnte.

4. Zusammenfassung

Ich habe versucht aufzuzeigen, daß Wissenschaftsbezug und Profession, bzw. professionelles pädagogisches Wissen sich nicht mehr dominant nur auf theoretisches Orientierungs- und Handlungswissen innerhalb eines theorie- und methodologischen Denktypus naturwissenschaftlicher sowie einer abstrakten geisteswissenschaftlichen Ausrichtung konzentrieren kann. Wenn in hochkomplexen Prozeßstrukturen Informationen von allen Beschäftigten verstanden und verarbeitet werden müssen und diese nicht mehr nur Teilfragen einer fachlichen Information und entsprechenden Qualifikation betreffen, wird es immer wichtiger, Fragen zur Aufrechterhaltung von Identität und zukunftsorientierten Arbeitsgestaltung im Sinne einer produktiven Einbindung innerhalb von Organisationen zu stellen. Diese Fragen sind nicht unabhängig von Fragen zum professionellen Handeln zu sehen, bzw. es ist die Frage, welches professionelle Handeln dazu beitragen kann, aktives Mitgestalten der Akteure hervor- sowie einzubringen. Dazu ist, wie dargelegt, Orientierungs- und Handlungswissen aus anderen Denktraditionen heranzuziehen, um die virtuelle Perspektive des in Prozesse von Information, Orientierung, Reorientierung etc. eingebundenen Subjekts zu erfassen. Deshalb wurde der Versuch unternommen, die virtuelle Perspektive auf dreifacher methodischer Ebene zu skizzieren. Hier ist erheblicher wissenschaftlicher und professionsbezogener Bedarf angezeigt. Die z.Z. herrschende Welle der Darstellungen von Methoden, in denen aus der Sicht der Betriebspraxis der Literaturmarkt überschüttet wird, hat nicht die hier skizzierte Sicht im Blick. Um aber die Umstrukturierungsprozesse zu ermöglichen, ist pädagogisches Handeln unter Einbeziehung verstehender Denkformen unerläßlich und deshalb sollte die Erwachsenenbildung und Berufspädagogik den Diskurs zur Einheit von Profession, Disziplin und Unterscheidungsmodalitäten von Wissensformen im Interesse der handelnden Subjekte erneut aufnehmen[1].

---

[1]Nachfragen zu dem Beitrag von Sybille Peters sind in die Abschlußdiskussion mit eingeflossen.

Literatur

Arnold, Rolf: Pädagogische Professionalisierung betrieblicher Bildungsarbeit. Explorative Studie zur Ermittlung weiterbildungsrelevanter Deutungsmuster des betrieblichen Bildungspersonals. Frankfurt u.a. 1983

Arnold, Rolf / Müller,Hans-J.,: Berufsrollen betrieblicher Weiterbildner. In: Berufsbildung in Wissenschaft und Praxis, 5/1992, S.36-41

Beck, Ulrich / Bonß, Wolfgang, (Hrsg): Weder Sozialtechnologie noch Aufklärung? Analysen zur Verwendung sozialwissenschaftlichen Wissens. Frankfurt 1989

Bohnsack, Ralf: Rekonstruktive Sozialforschung. Einführung in Methodologie und Praxis qualitativer Forschung. 2. Auflage. Opladen 1993

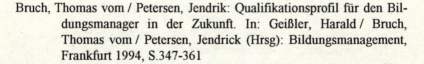

Bruch, Thomas vom / Petersen, Jendrik: Qualifikationsprofil für den Bildungsmanager in der Zukunft. In: Geißler, Harald / Bruch, Thomas vom / Petersen, Jendrick (Hrsg): Bildungsmanagement, Frankfurt 1994, S.347-361

Cooke, Maeve: Postkonventionelle Selbstverwirklichung: Überlegungen zur praktischen Subjektivität. In: Deutsche Zeitschrift für Philosophie, 1/1994, S.61-72

Dewe, Bernd: Grundlagen nachschulischer Pädagogik. Einführung in ihre Felder, Formen und didaktischen Aufgaben. Bad Heilbrunn 1994

Dewe, Bernd / Frechhoff, Wilfried / Radtke, Frank-O.(Hrsg): Erziehen als Profession. Zur Logik professionellen Handelns in pädagogischen Feldern. Opladen 1992

Dewe, Bernd / Radtke, Frank-O.: Was wissen Pädagogen über ihr Können? Professionstheoretische Überlegungen zum Theorie- Praxis-Problem in der Pädagogik. In: Oelkers, J. / Tenorth, H.-E., a.a.O., S.143-162

Dewe, Bernd / Frank, Günter / Huge, Wolfgang: Theorien der Erwachsenenbildung. Ein Handbuch. München 1988

Dörre, Klaus / Neubert, Jürgen / Wolf, Harald: "New Deal" im Betrieb? Unternehmerische Beteiligungskonzepte und ihre Wirkung auf die Austauschbeziehungen zwischen Management, Belegschaften und Interessenvertretungen. In: SOFI- Mitteilungen, Universität Göttingen 1993, S.15-36

Dubs, Rolf: Gedanken zur wissenschaftlichen Pädagogik oder: Über die Verantwortung von Erziehungswissenschaftlern. In: Zeitschrift für Berufs- und Wirtschaftspädagogik, 1/1994, S.2-4

Eckardt, Christoph / Lange, Guntram: Sozialpädagogische Arbeit in Umschulungen. Eine Einführung in das Arbeitsfeld beruflicher Aus- und Weiterbildung für pädagogische Fachkräfte. München 1990

Esser, Hartmut: Alltagshandeln und Verstehen. Zum Verhältnis von erklärender und verstehender Soziologie am Beispiel von Alfred Schütz und "Rational Choice". Tübingen 1991

Giegel, Hans-J.: Konventionelle und reflexive Steuerung der eigenen Lebensgeschichte. In: Brose, Hans-G. / Hildenbrand, B. (Hrsg): Vom Ende des Individuums zur Individualität ohne Ende. Opladen 1988, S.211-241

Gudjons, Herbert: Pädagogisches Wissen. Bad Heilbronn 1993

Harney, Klaus: Moderne Erwachsenenbildung: Alltag zwischen Autonomie und Diffussion. In: Zeitschrift für Pädagogik, 3/1993, S.385-390

Harney, Klaus / Strittmatter, Veronika: Methode und klinisches Wissen. Die Konstruktion des virtuellen Teilnehmers als erwachsenenpädagogische Wissensform. In: Krüger, H.H. / Rauschenbach, Th., a.a.O., S.185-200

Herzer, Hans / Dybowski, Gisela / Bauer, Hans G.(Hrsg): Methoden betrieblicher Weiterbildung. Ansätze zur Integration fach-licher und fachübergreifender beruflicher Bildung, Rationali-sierungskuratorium. Eschborn 1990

Kade, Jochen: Aneignungsverhältnisse diesseits und jenseits der Erwachsenenbildung. In: Zeitschrift für Pädagogik, 3/1993, S.391-408

Kade, Jochen: Offene Übergänge. Zur Etablierung der Erwachsenenbildung als erziehungswissenschaftliche Teildiziplin. In: Krüger, H. H. / Rauschenbach, Th., a.a.O., S.147-162

Kade, Jochen: Universialisierung der Erwachsenbildung. Über den Wandel eines pädagogischen Arbeitsfeldes im Kontext gesellschaftlicher Modernisierung. In: Zeitschrift f. Pädagogik, 6/1994b, S.789-808

Kade, Jochen / Lüders, Christian / Hornstein, Walter: Die Gegenwart des Pädagogischen - Fallstudien zur Allgemeinheit der Bildungsgesellschaft. In: Oelkers, J. / Tenorth, H.-E., a.a.O., S.39-65

König, Eckardt: Interpretatives Paradigma: Rückkehr oder Alternative zur Hermeneutik. In: Hoffmann, Dietrich (Hrsg): Bilanz der Paradigmendiskussion in der Erziehungswissenschaft. Leistungen, Defizite, Grenzen. Weinheim 1991, S.49-63

König, Eckard / Zedler, Peter (Hrsg): Rezeption und Verwendung erziehungswissenschaftlichen Wissens in pädagogischen Handlungs- und Entscheidungsfeldern. Weinheim 1989

Krüger, Heinz-H.: Allgemeine Pädagogik auf dem Rückzug? Notizen zur disziplinären Neuvermessung der Erziehungswissenschaft. In: Krüger, H.H. / Rauschenbach, Th., a.a.O., 115-130

Krüger, Heinz - H. / Rauschenbach, Thomas (Hrsg.): Erziehungswissenschaft. Die Disziplin am Beginn einer neuen Epoche. Weinheim 1994

Marotzki, Winfried: Entwurf einer strukturalen Bildungstheorie. Biographietheoretische Auslegung von Bildungsprozessen in hochkomplexen Gesellschaften. Weinheim 1990

Meueler, Erhard: Die Türen des Käfigs. Wege zum Subjekt in der Erwachsenenbildung. Stuttgart 1993

Oelkers, Jürger/ Tenorth, H. Elmar (Hrsg): Pädagogisches Wissen. Weinheim 1991

Peters, Sibylle (Hrsg): Lernen im Arbeitsprozeß durch neue Qualifizierungs- und Beteiligungsstrategien. Opladen 1994

Peters, Sibylle / Weddig, Doris: Sind die Karenztage ein Thema von Lernstätten? Qualifizierung - Beteiligung - Gestaltung in Qualifizierungs- und Beteiligungsstrategien aus der Sicht der Betroffenen. In: Peters, a.a.O., S.76-107

Peters, Sibylle: Lernen in Gruppen - Möglichkeiten und Grenzen von Kleingruppenmodellen in betrieblichen Organisationsstrukturen. In: Dehnbostel, Peter / Holz, Heinz u.a. (Hrsg): Lernen für die Zukunft durch verstärktes Lernen am Arbeitsplatz. Dezentrale Aus- und Weiterbildungskonzepte in der Praxis. Berlin 1992, S.346-366

Peters, Sibylle: Arbeitslose und ihr Selbstbild in einer betrieblichen Umschulung. Lern- und Leistungsfähigkeit in Bilanzierung und Antizipation in einer Metallfacharbeiterausbildung. Weinheim 1991

Peters, Sibylle: Erfahrungslernen - ein Modebegriff für die Verknüpfung von neuen Methoden und Zielen der beruflichen Weiterbildung? In: Dehnbostel, Peter / Peters, Sibylle (Hrsg): Dezentrales und erfahrungsorientiertes Lernen im Betrieb. Alsbach/Bergstraße 1991, S.21-34

Peters, Sibylle: Pädagogische Qualifizierung als Handlungskompetenz für berufliche Weiterbildung. Bad Honnef 1983

Sauter, Edgar: Weiterbildungsforschung - Stand und Perspektiven. In: Weiterbildung in Wirtschaft und Technik, 2/1993, S.6-11

Schmitz, Enno: Leistung und Loyalität. Berufliche Weiterbildung und Personalpolitik in Industrieunternehmen. Stuttgart 1978

Sonntag, Karlheinz: Personalentwicklung in Organisationen. Psychologische Grundlagen, Methoden und Strategien. Göttingen, Bern u.a. 1992

Tenorth, Heinz-E.: Profession und Disziplin. Zur Formierung der Erziehungswissenschaft. In: Klüger, H.H. / Rauschenbach, Th., a.a.o., S.17- 28

Wahl, Diethelm: Handeln unter Druck. Der weite Weg vom Wissen zum Handeln bei Lehrern, Hochschullehrern und Erwachsenenbildnern, Weinheim 1991

Winkler, Michael: Wo bleibt das Allgemeine? Vom Aufstieg der allgemeinen Pädagogik zum Fall der Allgemeinen Pädagogik. In: Krüger, H.H. / Rauschenbach, Th., a.a.O., S.93-114

Winkler, Michael: Universalisierung und Delegitimation: Notizen zum pädagogischen Diskurs der Gegenwart. In: Hoffmann, Dietrich / Langewand, Alfred / Niemeyer, Christian (Hrsg): Begründungsformen der Pädagogik in der 'Moderne', Weinheim 1992 (1994), S.135-153

Abschlußdiskussion

Abschlußdiskussion

Arnold: Wir haben eine Fülle von Aspekten, die ich nicht alle zusammenfassen möchte. Vieles war teilweise redundant, unter verschiedenen Perspektiven. Einiges war schon vorgelegt in den ersten beiden Vorträgen. Bei Frau Lisop tauchte der Begriff der Identitätshilfe auf, Herr Wittwer hat dies ein Stück weit aufgegriffen, indem er von der Perspektiverweiterung der beruflichen Weiterbildung sprach und versuchte, eine berufsbiographische Weiterbildung grundzulegen. Bei Herrn Geißler tauchte dieser Aspekt in seinen systemtheoretischen Bemühungen auf, die Konstitution von Kollektivsubjekten zu begreifen, zu konzeptualisieren. Frau Peters, die von einer erwachsenenpädagogischen Professionstheorie her versuchte zu klären, was pädagogisches Wissen ist, - welche Methodenkompetenzen man braucht, wie man prospektives Wissen für pädagogisches Handeln erzeugt. Ich lade Sie hiermit ein, zu diskutieren.

Lisop: Ich habe eine Grundfrage, da wir jetzt die Ebenen gewechselt haben. Auf welcher Ebene diskutieren wir jetzt. Gehen wir auf die Realebene von Weiterbildung/ Arbeit im Betrieb oder gehen wir auf die Klärung unserer pädagogischen Professionalität?

Geißler: Die schwierige Frage ist eben, was ist pädagogische Praxis. Wir haben es uns leicht gemacht, indem wir sagten, das, was in pädagogischen Institutionen passiert, ist eben pädagogische Praxis oder in Quasi-Institutionen, etwa der Familie. Ergo kann nichtpädagogischen Institutionen, wie in einem Betrieb, nichts Pädagogisches passieren, außer daß pädagogische Inseln eingerichtet werden. Das ist eine Position die heute unhaltbar ist. Ich denke, wir sollten überlegen: Was ist pädagogische Praxis? Die leichte Lösung, dabei nur auf Institutionen zu rekurrieren, wie Frau Peters dies am Anfang gemacht hat, ist meines Erachtens grundsätzlich verstellt.

Arnold: Sind die Ebenen jetzt deutlicher geworden? Ich denke, wir haben beide Ebenen im Blick.

Peters: Auf was beziehen wir uns oder suchen wir jetzt nach dem Gemeinsamen in Form eines neuen Professionsfocus?

Lisop: Ich kann mich auf beide Ebenen einlassen. Für mich ist die zentrale Frage, gibt es in dem Gemenge von Betriebswirten, Ingenieuren, Psychologen und Pädagogen (ich denke an die fachliche Weiterbildung im Betrieb) so etwas wie das pädagogisch Spezifische, und wenn, was ist das eigentlich? Ich stelle zur Diskussion, ob es einen harten Kern gibt, nämlich die Didaktik, im weiteren Verständnis, die Methodik mit eingeschlossen, gleichgültig ob es sich um Schulpädagogik oder Familienerziehung handelt.

Peters: Ich meine, daß wir im Bereich der außerschulischen und nachschulischen Bildung und in der Erwachsenenbildung/ Berufspädagogik eine Situation haben, daß Didaktik nicht nur Didaktik im konventionellen Sinne sein kann, daß Fachinhalte gesetzt werden und wir nach didaktischen Prinzipien den Fächerkanon definieren und uns dominant eine Didaktisierung beziehen. Die Praxis in der betrieblichen Weiterbildung, da stimme ich ihnen zu, muß sich anders konstituieren, und den pädagogischen Focus als Profession erweitern als Didaktisierung.

Arnold: Ich habe meine Schwierigkeiten mit dem Begriff der Didaktik. Ich denke, daß wir uns jetzt anschauen müssen, welche didaktischen Konzepte wir haben. Wir haben - verkürzt gesprochen - meines Erachtens Trivialisierungskonzepte, die die Bedingungsvielfalt dessen, was Lernen ausmacht, ermöglicht oder behindert, im Extremfall auf zwei Bedingungs- und vier Entscheidungsfaktoren nach Heimann/Otto/Schulz reduzieren oder die von der Vorstellung ausgehen, in welcher Komplexität auch immer, daß es eigentlich um Planung geht, um "Vorarrangement" von fremder Lebenszeit in der späteren Lernsituation. Das ist die technokratische Illusion der Didaktik und worauf es eigentlich ankomme, so habe ich auch Herrn Geißler verstanden, sei stärker systemisch zu denken. Da stehen wir völlig am Anfang und da kann uns auch das, was wir bislang unter Didaktik verstehen nicht weiterhelfen. Wir sind da völlig am Anfang, ein Konzept zu entwickeln, das dann auch nicht in einer Planungstheorie endet, mit all den ritualisierten Unterrichtsvorbereitungsübungen, die wir in der Schule Studenten und Lehramtsanwärtern abverlangen, sondern in dem Versuch, jemanden so vorzubereiten, daß er situativ mit Komplexität umgehen kann, und zwar in einer produktiven Art und Weise, ich habe das mal Ermöglichungsdidaktik genannt, und da denke ich in der Tat, sind viele Nichtpädagogen pädagogischer als die Pädagogik.

Geißler: Ich denke, es ist ganz schwierig, wenn wir materiale Bestimmungsstücke aus unserer eigenen Geschichte, die ja wesentlich die Geschichte der Schulpädagogik ist, an die Betriebe anlegen. Ich habe versucht in meinem Referat, einen Neuanfang zu wagen und Praxis von Funktionen her zu begreifen. Meine These ist, daß jeder Arbeitsprozeß aus bestimmten verschiedenen grundlegenden Funktionen besteht und ein mitgängiges Lernen notwendig machten. Wenn dieses mitgängige Lernen, das immer und überall stattfindet, und das man in seiner Faktizität auch verantworten muß, defizitär ist und eine Quelle für Fehler wird, wie Frau Lisop das beschrieben hat, dann muß einen helfende Praxis eingreifen: die Betriebspädagogik. Ihre Aufgabe ist, fehlerhaft abgelaufene und nicht zu verantwortende Lernprozesse zu korrigieren und zu verbessern. Eine solche Konzeption betriebspädagogischer Praxis setzt absolutes Umdenken voraus. Man muß völlig weg von Beschulungsprogrammen und man muß begreifen, daß Arbeitsorganisationen im Grunde didaktische Organisationen sind. Insofern stimme ich Frau Lisop wieder zu.

Wittwer: Ich stimme dem zu, daß die Didaktik nicht der zentrale Bereich der Pädagogik ist. Ich würde eher sagen, daß das spezifisch Pädagogische das pädagogische Denken ist. Dazu gehört z.B., wie ich den Lernenden sehe, als Subjekt/Objekt, wie ich bestimmte Prozesse bewerte und welche Einstellung ich dazu habe.

N.N.: Ich habe bis jetzt nicht verstanden auf welche betriebliche Nachfrage sich diese pädagogischen Konzepte beziehen. Man wird ja unterstellen dürfen, daß den Betriebswirten attestiert wird, daß sie etwas verstehen vom Zusammenhang von Organisationsentwicklung und Personalentwicklung, den Psychologen wird man unterstellen, daß sie bestenfalls eine Kompetenz der lernförderlichen Arbeitsgestaltung haben. Was sie aber den Pädagogen an professioneller Kompetenz attestieren wollen ist mir unklar. Auf welche Nachfrage soll diese Kompetenz eine Reaktion sein? Wenn sie sagen, daß es sich bei der Didaktik um eine trivialisierte Diskussion handelt, dann habe ich mitunter den Eindruck, daß dies, was unter dem Thema betriebliche Weiterbildung läuft, auch eine Trivalisierung soziologischer Diskussionen ist - davor wird man sich hüten müssen. Ich habe bis jetzt nicht erkennen können, daß außer einem Totalitätsanspruch, den die Weiterbildung über den Gesamtbetrieb legt, was das eigentlich pädagogisch Professionelle ist. Was hier die Disziplin, jenseits psychologischen, soziologischen und ökonomischen Wissens zu bieten hat, außer der Didaktik.

Lisop: Es ist eine völlig reduktionistische Sicht der Didaktik, wenn man darunter nur die Planung und die Weitergabe von Inhaltspaketen begreift. Das kann`s ja wohl sicher nicht sein. Didaktik neu zu verstehen oder in ihrem alten Kern freizulegen, würde bedeuten, subjektorientiert die Inhalte in einem spezifischen Verfahren überhaupt erst zu generieren. Da tut sich die alte Didaktik schwer. Sie ordert, die tut so, als ob es die Inhalte gebe, die dann "eingebimst" werden. Verkürzt formelhaft gesagt, hätte die Didaktik Instrumente zu liefern, um subjektorientiertes Generieren dessen zu realisieren, was man lernen will soll oder kann. Ferner wie bringt man das, was sich an Qualifikationsbedarf bzw. an Arbeitspersönlichkeitsbedarf stellt, in Verbindung mit Leitbildern vom Menschen wie von der Gesellschaft. Dieser pädagogisch praktischen, das heißt didaktischen Frage können wir nicht ausweichen. Und ihr stellt sich weder die Psychologie noch die Soziologie noch die Betriebswirtschaftslehre. Die Korrelation der beiden Leitbilder und das Generieren von Inhalten somit ihrer Vermittlung, ob das nicht doch das Spezifische der Professionalität ausmacht.?

Geißler: Was ist eigentlich die Nachfrage in den Betrieben. Ich denke, in dem Moment, wo Arbeitsprozesse immer weniger standardisiert sind, nimmt die Qualität der Arbeit einen hohen Stellenwert ein. Das ist die Situation, die wir immer mehr in den Betrieben kon-

statieren müssen. In dieser Situation läßt sich die Qualität der Arbeit nicht über standardisierte Lehrpakete realisieren, sondern der Arbeitsplatz muß als Lernort gedacht werden, um der Qualität der Arbeit willen. Das ist das ökonomische Interesse und deswegen scheint es mir sehr wichtig zu sein, eine theoretische Vorstellung zu bekommen, wie Arbeit und Lernen zusammenhängen.
Wir haben diese beiden Aktivitäten bisher in einer ganz fatalen Weise sequenziert: Erst wird gelernt und dann gearbeitet. Der ökonomische und pädagogische Imperativ besteht heute m.E. darin, beides miteinander zu verzahnen.

Peters: Ein ökonomisches Interesse ist nicht identisch mit einer Nachfrage an Professionswissen. Wir fragen uns, was die Nachfrage der Betriebe an pädagogischer Professionalität sei. Diese Frage ist leicht zu beantworten: Es ist aus der Professionalisierungsgeschichte nachgewiesen, daß die Psychologen, Politologen und Soziologen nicht in irgendeine Institution gegangen sind und nach einer möglichen Nachfrage gesucht haben. Der Professionalisierungsprozeß hat sich in den drei Nachbardisziplinen so entwickelt, daß sie sich überlegt haben, was ist der Kern einer praktischen Kompetenz, was können wir und was können wir hereintragen. Daraus hat sich wiederum eine spezifische Nachfrage entwickelt.

N.N.: Ich möchte die Prämisse erschüttern, daß diese "Amateurpädagogen" vernünftige Arbeit leisten. Ich glaube, daß es uns ganz gewaltig an Empirie und Evaluation fehlt. Ich bin ca. 300 Stunden als teilnehmender Beobachter im Betrieb in Weiterbildungsmaßnahmen gewesen, weil ich wissen wollte, wie es läuft. Das, was ich gesehen habe, widerlegt die Legende von Comenius, daß jeder, der etwas kann, das auch lehren könnte. Ich denke, was gekonnt wird, ist einfach Inhalt rüberzubringen. Von Personalentwicklung brauchen wir gar nicht zu reden. Der Ingenieur kommt herein, fängt zu reden an, niemand versteht ihn und um zwölf Uhr geht er wieder heraus. Ich bin entsetzt gewesen, daß nicht einmal Schreibmaschinen- oder Computerkenntnisse effektiv vermittelt wurden. Ich war glücklich darüber, arbeitslose Schulmeister/Lehrer zu sehen, denn die hatten wenigstens ein kleines pädagogisches Handwerkszeug, zum Beispiel, daß man "Guten Morgen" sagt oder "Mein erster Schritt ist folgender" oder fragt "Haben Sie das verstanden?". Das entscheidende ist, daß die, die das sonst machen, das nicht können, und wir müssen uns überlegen, wie wir denen das beibringen können.

Arnold: Könnte ein professioneller Kern der Erwachsenenpädagogik nicht vor Ort am Arbeitsplatz liegen? Zu analysieren, was die notwendigen Qualifizierungen sind, und diese dann systematisch zu vermitteln. Da liegt eine Besonderheit der pädagogischen Zukunft, daß man dort know-how hat. Ich sehe zwei zentrale Bereiche, zum einen, "Transformationen von Deutungen" bzw. von Deutungsmustern von Menschen, d.h. Entwicklung ihrer Subjektivität in einer Art und Weise, daß sie sich und andere anders sehen können. Selbstreflexivität, all das, was diskutiert wird (transformative education) - da gibt es die biographisch orientierte Diskussion. Der zweite Bereich wäre die Befähigung zum selbstorganisierten Lernen; unspektakulärer ausgedrückt, Befähigung das Vertrauen in die eigene Kraft, also Bildungsprozesse so zu initiieren, daß nicht, wie Maria Montessori es einmal gesagt hat, der Lehrer mit seiner ganzen Kraft alles totdrückt, sondern mit Sensibilität das Ganze zu entwickeln und zu gestalten versucht, wo auch eigene Potentiale wachsen können. Das ist durchaus bei anderen Zünften auch nicht verbreitet.

Lisop: Zwischenruf; was ist mit der Psychotherapie? Beide Punkte sind zentrale Aufgabe auch von Psychotherapie.

Arnold: Nicht da, wo es um die Inhaltlichkeit von Deutungen geht.

Peters: Der Unterschied zur Psychotherapie besteht darin, daß sie immer davon ausgeht, daß etwas wieder in Normalität gerückt werden müsse, also nicht im Bereich des Erwartbaren liegt.

Lisop: Bei Transformationen auch.

N.N.: Aber genau das war doch die Prämisse von Arnold, daß es dort Defizite gibt, sonst brauchte ich nichts umzudeuten. Und es gibt Defizite beim selbständigen Lernvermögen, sonst brauchte ich keine

Pädagogen, die bei dieser selbständigen Aneignung helfen. Lassen Sie mich ein Beispiel bringen, daß ich auf Herrn Geißler beziehe, der sagte, daß in den Betrieben Lean-Production und Lean-Management eine Formel sind. Ich beschäftige mich seit langem mit der Organisation von Bildung und Beschäftigung in Japan. Diese Diskussion hier ist in Japan nicht nachvollziehbar. In Japan selbst spricht man nicht von Lean-Managment und würde das auch nicht für sich akzeptieren. Man spricht von einer "Bubble-Economy" und diese Diskussion würde als eine solche abgetan werden. Japanische Beobachter würden solche Diskutanten als Hilfesteller nicht brauchen. Wir haben uns bei der sequentiellen Trennung von Arbeit und Lernen als Pädagogen etablieren können, weil die Eindeutigkeit des Lernvorgangs vorhanden war, dafür waren wir zuständig. Aber, wo wollen wir als Pädagogen tätig sein, wenn Lernen in die Arbeit selbst verlagert wird? Dann sind es die Ingenieure, die Organisationswissenschaftler, da sind es ganz und gar nicht die Pädagogen, von denen man glaubt, daß man sie brauche, es sei denn, es ist irgendetwas defizitär. Zum Beispiel für menschliche Probleme werden sie geholt, dann kann man tatsächlich auch Psychotherapeuten holen - da gebe ich Frau Lisop Recht. Was diese Euphorie angeht, daß mit der Aufwertung von Arbeit auch eine Aufwertung von pädagogischer Professionalität verbunden ist, da bin ich skeptisch.

Arnold: Vielleicht ist es so, daß die pädagogische Professionalität sich wandelt, da gab es auch viele Beispiele. Vielleicht hat sich bei Ihnen die Vorstellung verfestigt, die sehr herkömmlich ist, nämlich Classroom-teaching. Das ist genau nicht der Fall bei den Berufshandlungen betrieblicher Weiterbildner, sondern wir haben analysiert, daß sie sehr wohl gefragt sind und daß die Betriebe in den letzten Jahren sozialwissenschaftlich qualifiziertes Personal eingestellt haben, darunter auch Pädagogen, weil sie eben erkannt haben, daß es hier um ganzheitliche Lernprozesse geht und daß man für die in der Organisationseinheit des Betriebes ablaufenden Lernprozesse einen diagnostischen Blick braucht, wo man mit den Verantwortlichen Ingenieuren ins Gespräch kommen muß, um ihnen Dimensionen aufzuzeigen, die ihnen wegen ihrer technokratischen Verformung nicht sichtbar sind.

Wittwer: Die Fragestellung - Was kann der Pädagoge in Abgrenzung zum Psychologen leisten? - ist meines Erachtens im Hinblick auf die aktuelle Berufsentwicklung falsch gestellt. Wir haben die Situation, daß es eine strenge Berufstrennung nicht mehr gibt. Die Berufsinhalte gleichen sich immer stärker an. Ich denke, daß gilt auch für die wissenschaftlichen Berufe, das heißt, auch die Tätigkeit eines Pädagogen schließt einen hohen Anteil an psychologischem Wissen ein wie auch umgekehrt. Diese Tendenz kann sich noch verstärken, je nach dem, welches Profil er beruflich für sich angelegt hat, so daß uns die Frage, was kann ein Pädagoge/Psychologe für die betriebliche Bildungsarbeit leisten, nicht viel weiterbringt.

N.N.: Sagen Sie, daß es nicht eine spezifische Pädagogik gibt, bzw. daß der Sozialwissenschaftler in seiner Gänze gefragt ist?

Geißler: Nein. Man muß interdisziplinär kooperieren. Die tayloristische Arbeitsteilung, da gibt es den Techniker, den Organisationsentwickler, den Pädagogen, die ist überkommen.

Lisop: Wir sind von der Frage ausgegangen, was das Proprium der Pädagogik sei. Wenn ich anfangs von der Veränderungsdynamik gesprochen habe, von den Neuzuordnungen, so ist dies ein altes Thema. Es betrifft die Nachbardisziplinen der Pädagogik. Wahrnehmen, Deuten lernen, also Bezugsgrößen zu finden, um Transformationsprozesse des Betriebes zu verstehen, soziale Prozesse überhaupt zu begreifen, gerade um dem "Fachidiotentum" abzuhelfen - dies ist etwas ganz Wesentliches; auch Formen von Selbstorganisation. Nur: wenn es um unser Proprium geht, dann müssen wir uns fragen, wo liegen diffuse Schnittmengen zur Therapie, und ließen sich in einer differenzierten Diskussion gleichwohl Unterschiede ausmachen, sodaß etwas bleibt wie ein harter Kern. Und da frage ich erneut, ob es die Didaktik ist, nicht eine in dem borniertem Sinne einer Einpauk - und Bimsstrategie, sondern in einem neuen differenzierten Verständnis des Wahrnehmens, Auslegens, Entscheidens und Vermittelns in Subjektbildungsprozessen.

Arnold: Ich denke, wir müssen langsam zu einem Ende kommen.

Geißler: Ich will ganz kurz antworten. Ich denke, es gibt zwei Strategien. Man kann versuchen eine Interventionsstrategie zu entwickeln, um möglichst viel Terrain in den Betrieben zu besetzen, das ist die eine Möglichkeit. Das setzt eine entsprechende Vorstellung von pädagogischer Praxis und Methoden voraus. Die andere Möglichkeit, die ich bevorzuge ist, daß wir fragen sollten, was läuft eigentlich im Betrieb ab, und inwieweit ist das im Grunde pädagogische Praxis und firmiert nur unter anderen Etiketten. Die Alternative besteht darin, nicht gegen die ökonomische Praxis zu kämpfen und gegen sie in den Betrieben eine pädagogische Praxis durchzusetzen, sondern die Praxis in den Betrieben als eine ökonomische und pädagogische Praxis zu verstehen und letztere in ihrer meist schlechten Qualität zu verbessern.

Lisop: Ich denke wir haben in den Betrieben einen immensen objektiven Bedarf, den bezeichne ich einmal als einen Passungsbedarf; die Passung zwischen der Ausbildung und dem, was der betriebliche Arbeitsplatz erfordert. Zu diesem Passungsbedarf gehört auch, daß man den Veränderungen im technisch-ökonomischen nicht nur hinterherzurennen versucht mit der eigenen Qualifikation, sondern sie innovativ vorauszunehmen versucht. Wenn Sie fragen, ob es so etwas wie ein "Bewußtsein" dieses Bedarfes im Unternehmen gibt, dann ist das von Unternehmen zu Unternehmen sehr unterschiedlich. Ich kann nur sagen, daß ich in einer außeruniversitären Gesellschaft Erfahrungen habe, sowohl im Handel als auch im Fernmeldewesen als auch im Metallbereich, daß Betriebe diesen Qualifikations- und Bildungsbedarf aufgreifen - bis hin zur innerbetrieblichen curricularen Gestaltung, und daß da wirklich so etwas gemacht werden kann, was Arnold "qualifizierende Bildung" nennt. Aber da ist der Bewußtseinsstand in den Unternehmen noch sehr unterschiedlich.

N.N.: Ich habe die Erfahrung geamcht, daß ich, wenn ich in die Betriebe komme, nicht mehr pädagogische Überzeugungsarbeit leisten muß. Die sagen, Schlüsselqualifikationen hätten wir gerne, soziale

Kompetenz oder kommunikative Kompetenz auch, aber wie, Herr Pädagoge, sollen wir das machen.

Arnold: Ich will nicht die ganze Diskussion zusammenfassen. Mir ist deutlich geworden, daß der Gegensatz betrieblicher Weiterbildung, zwischen Qualifizierung und Bildung von allen Referenten im Sinne eines integrierten Modells vorgegeben worden ist. Es hat keiner die Gegensätzlichkeit stark gemacht. Man könnte jetzt auf einzelne Beiträge eingehen, das tue ich nicht. Deutlich geworden ist auch, daß es eine Reihe von Triebkräften der betrieblichen Realität gibt, die es zumindest nicht notwendig erscheinen lassen, daß man sich nur einbringt als Pädagoge, die Ziele der Betriebe zu durchkreuzen, sondern da ist eine Eigendynamik in den Betrieben, die vieles beinhaltet, was man als pädagogisch bezeichnen könnte. Ob das nun das Proprium der Pädagogik ist, ist eine andere Frage. Mir sind drei Aspekte aufgefallen, die ich abschließend noch nennen möchte, vielleicht auch mit einem Blick auf die Fortsetzung der Debatte. Vielleicht sollten wir uns mal fragen, warum wir nach dem Proprium fragen. Von der Sache her ist dies eigentlich nicht notwendig. Ich habe einleitend darauf hingewiesen, im Anschluß an Horst Siebert, daß man so etwas feststellen kann wie eine Entstrukturierung der Erwachsenenbildung. Sie löst sich auf, diffundiert hinein in gesellschaftliche Bereiche und vielleicht ist deswegen die Frage nach dem Proprium nicht so angemessen. Vielleicht müssen wir das leisten, was Herr Geißler angedeutet hat, nämlich zu versuchen, das zu identifizieren, was man in der Praxis der Betriebe unter anderem Emblem bisweilen antreffen kann. Es gibt einen Passungsbedarf, es gibt die Notwendigkeit, den Umgang mit Unsicherheit einzuüben, vorzubereiten. Es gibt die Auflösung des fachlich Zweckhaften, was ich angedeutet habe, und es gibt die Notwendigkeit, an vielen Stellen im Betrieb gegen fachliche Borniertheit anzukämpfen oder damit umzugehen. Das sind alles Elemente, wo Pädagogik gefordert ist und wir das stärker "bottom up" als "top down" einbringen, das Pädagogische klären und realisieren sollten.
Ich danke für die Referate und die Diskussion, wobei ich weiß, daß diese zu kurz gekommen ist.

Autorenverzeichnis:

Arnold, Rolf, Prof. Dr., Universität Kaiserslautern, Fachgebiet Pädagogik, Pfaffenbergstr. 95, 67663 Kaiserslautern

Geißler, Harald, Prof. Dr., Universität der Bundeswehr Hamburg, Fachbereich Pädagogik, Holstenhofweg 85, 22039 Hamburg

Lisop, Ingrid, Prof. Dr. Universität Frankfurt, Institut für Wirtschaftspädagogik, Senckenberganlage 31 (Turm), 60325 Frankfurt

Peters, Sybille, Prof. Dr., Universität Magdeburg, Institut für Betriebs- und Berufspädagogik, Virchowstr. 24, 39104 Magdeburg

Wittwer, Wolfgang, Prof. Dr., Universität Bielefeld, Fakultät für Pädagogik, Postfach 100131, 33501 Bielefeld